动手动脑 快乐成长

乐享亲子好时光

和妈妈一起玩益智玩具

〔日〕寺西惠里子◎著

江景丽◎译

河南科学技术出版社
· 郑州 ·

目录

起床

ABC

前言

让孩子在游戏中成长
从游戏中提高生存能力
修炼出强大的内心

在玩游戏的过程中
也提高了生活能力
还有比这更美好的事情吗

如果孩子的玩具是我们亲手制作的
那也会给孩子带来特别的影响吧

我们即便不是那么心灵手巧的父母
做的玩具可能也不那么结实
没关系
可以再次尝试

制作过程对于孩子来说是最重要的
正因为需要动手制作
所以才叫益智玩具
请与孩子一起做吧

小小的玩具
承载着我们对未来的期许

什么是益智玩具呢?

所谓益智玩具，就是指对婴幼期孩子的成长有益的玩具。

训练感官

婴幼期的孩子用感官感受事物的能力很强，甚至有些能力只能在这个时期养成。希望通过我们的玩具能够有效地训练孩子的感官能力。

用提问引导孩子观察世界

在玩游戏的时候，提一些问题，如“做的是什么呀？”引导孩子“这样做怎么样呢？”表扬孩子：“做得真好！”只是简单的几句话就能让游戏变得更有趣。

坏掉也没关系

玩具做好后，先让孩子仔细观察，再开始玩。如果玩坏了，简单地修补后还可以继续玩，以此来教育孩子学会珍惜。

用孩子喜欢的主题

对于喜欢电车的孩子，我们可以做一些电车的剪纸，因为喜欢，孩子甚至会连“颜色”也一起记住哟！“颜色”和“形状”等用符合孩子喜爱的东西来开发孩子的感官能力吧。

本书看法

做法 要点 只要做好这一点，玩具就会做得很漂亮。详见p.82以后的讲解。

益智要点 怎样做有益孩子成长？怎样玩比较好？诸如此类的建议。

Part 1

婴幼儿玩具

Baby

婴幼儿的玩具越简单越好。

让我们做一些有益孩子感官发育的玩具吧。

塑料瓶摇铃

在小手也能握得住的塑料瓶里，
可以放入各种东西哟！

颜色尽量丰富一些

益智要点

在里面放入不同的东西，让它发出不同的声音。塑料瓶最好是透明的。

做法要点

为了让塑料瓶的盖子不会被轻易打开，要用塑料胶带粘牢哟！

p.87 HOW to MAKE

毛巾手抓玩具

用毛巾做手抓玩具，
选择比较素的颜色会比较好。

做法要点

里面多塞一些填充棉，让它有一定的分量，这样孩子也会比较容易抓住。

益智要点

在孩子面前摇一摇、晃一晃，引起孩子的兴趣，然后试着让孩子自己去抓。

p.87 HOW to MAKE

彩色球

投球、捡球是很多孩子从小就喜欢的游戏。

用购物袋做成的球

益智要点

球的大小要能让孩子握住。

从滚球开始玩吧。

毛绒球

做法要点

用购物袋做球时，中心部分一定要做紧实。毛绒球可以手缝哟！

p.88 HOW to MAKE

用牛奶盒做拉伸玩具

拉这边的绳子，那边的绳子就……
太不可思议了。

做法 要点

贴布可用木工用黏合剂粘贴，若使用熨斗熨烫，不仅粘得牢，还可以节约时间。

益智要点

大人可以先示范着去拉绳子，慢慢地引起孩子的兴趣，孩子就也会想去尝试一下了。

p.88 HOW to MAKE

Baby

用奶粉罐玩游戏

里面放的是什么呢?
让孩子把里面的东西全部拿出来，再放进去。

要点 做法

将奶粉罐包在里面。注意开口部分不要太紧哟!

益智要点

里面放入不同形状和颜色的东西。和孩子一起玩“猜一猜的游戏”。

p.89 HOW to MAKE

做法要点
用纸来做会非常简单，也可以用不织布来制作。

也可以挂成一圈哟

床挂

床挂可以用来逗弄躺在床上的小婴儿。让我们来制作可爱的松鼠和小兔子吧。

益智要点

孩子用眼睛追晃动的东西，可以促进视觉的发育。

p.89 HOW to MAKE

Part 2

制作玩偶

Puppet

借助玩偶可以让孩子学会怎样去关爱别人，在这种游戏中可以给孩子带来模拟的生活体验。
赶快给孩子做一个玩偶吧！

用不织布做手指玩偶

可爱的小熊便于随身携带，
在哪里都可以玩对话游戏哟。

做法要点

插手指的部分用木工用黏合剂粘在一起即可，制作起来非常简单。

几只小熊在一起，连对话都变得热闹起来了

益智要点

“你好，在干吗呢？”进行诸如此类的对话，可以逐渐地培养孩子的想象力。

p.90 HOW to MAKE

纸玩偶

鸭妈妈与鸭宝宝遇见了小乌龟，接下来会发生什么故事呢？

做的动物越多，故事会越丰富哟

做法要点

两面都贴上动物图案，这样小动物就可以随意地向左走或是向右走了。

益智要点

用纸玩偶来演玩偶剧，通过对话可以培养孩子的想象力，通过表演可以培养孩子表达感情的能力。

p.91 HOW to MAKE

用纸袋做玩偶

用纸袋做玩偶非常简单哟，
让我们用不同颜色的纸袋做出不同的玩偶吧。

益智要点

用玩偶来表达喜怒哀乐的情绪，可以使孩子的感情世界更加丰富。

让孩子和玩偶说说话吧

做法要点

先把纸袋揉成一团，使其变软，再做玩偶就容易多了。

做法 用纸袋做玩偶

材料 22cm×33cm的纸袋 1个
折纸 3张

1

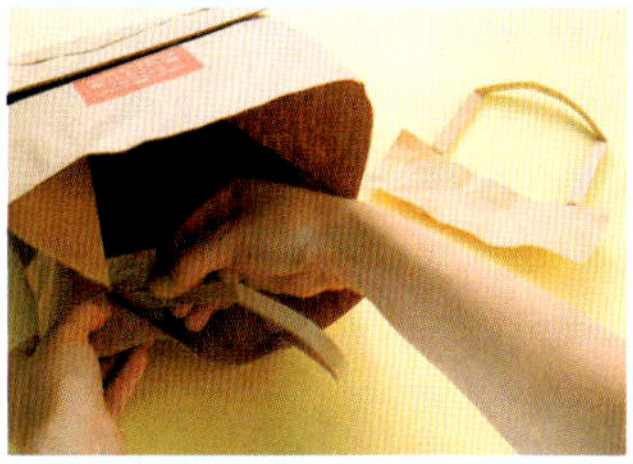

去掉纸袋的提手。

2

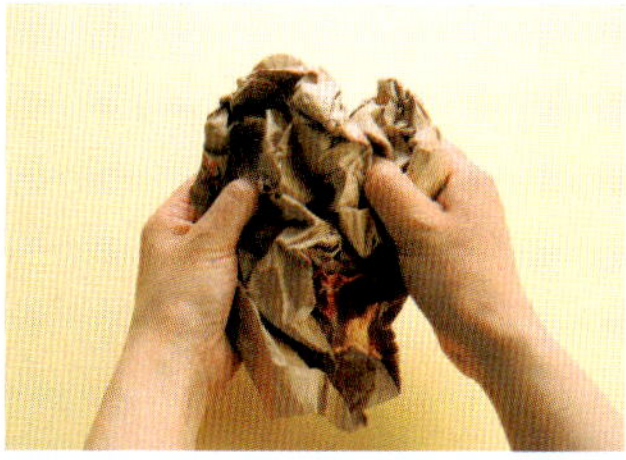

揉成一团。

3

分别把两个角捏在一起，用透明胶带固定，做成耳朵的形状。

4

用双面胶从内侧将两侧边粘起来。

5

粘好后的样子。

6

将硬纸板剪成嘴大小的形状。

7

用双面胶将硬纸板粘贴在纸袋内侧。

8

两侧剪出手的形状。

9

将剪掉的2根提手连成一根，并在脖子的位置打一个蝴蝶结。

10

把边长为9cm的正方形折纸揉成圆形做成眼睛和鼻子。

11

用双面胶粘上鼻子。

12

再用双面胶粘上眼睛，完成。

您好!
您好!
去洗澡吧!
睡觉吧!
可以进行各种各样的对话

Puppet

手套玩偶

连指手套样式的玩偶，
做两只会更好玩。

益智要点

可以用玩偶打招呼、玩对话游戏等，玩法有很多种。

做法要点

耳朵长一点就会变成小兔子。手缝也可以哟！

p.90 HOW to MAKE

海绵玩偶

用海绵做成的玩偶。
用来玩刷牙游戏还是不错的。

选择不同颜色和形状的海绵也是很重要的

做法要点

可以使用塑料用黏合剂将海绵粘起来。

益智要点

可以模仿玩偶，说话的时候将嘴张得大大的。

p.91 HOW to MAKE

Part 3

识颜色

Color

教孩子认识红、黄等颜色，并让孩子知道颜色是有很多种的。本部分教大家制作以颜色为主题的玩具。

分辨颜色

这是让孩子将红色、黄色、蓝色的剪纸放到与其相同颜色的盒子中的游戏。

益智要点

通过区分3种颜色来达到认识颜色的目的。

盒子用塑料瓶做成

做法要点

在剪纸的背面贴上硬纸板使其更结实。

p.92 HOW to MAKE

不织布串串乐

把骰子上出现的不同颜色和形状的不织布小片穿在绳子上，一边玩一边认识颜色和形状。

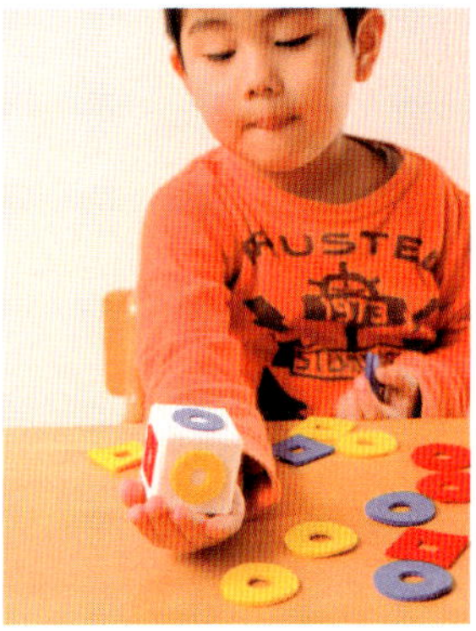

掷骰子

把与其颜色、形状相同的穿在绳子上

做法要点

把相同形状的 2 片不织布粘在一起以加固。

益智要点

一边玩一边认识颜色和形状，把绳子穿过小孔可以锻炼孩子手指的灵活性。

p.92 HOW to MAKE

Color

认识颜色

哪一个是紫色？
从广告页、杂志中剪些插图让孩子识别。

按颜色类别收集整理

益智要点

记住颜色的同时也就学会了识别颜色，同时还可以练习使用剪刀哟。

做法要点

跟孩子一起从卡片开始做起吧。

p.92 HOW to MAKE

投彩色扭扭棒

把扭扭棒投到相同颜色的小孔中，不仅可以学习认识颜色，还可以锻炼手指的灵活度。

做法 要点

彩色的★用压花器来做，将会更快。

黄色★贴在盒盖上的黄色▲附近

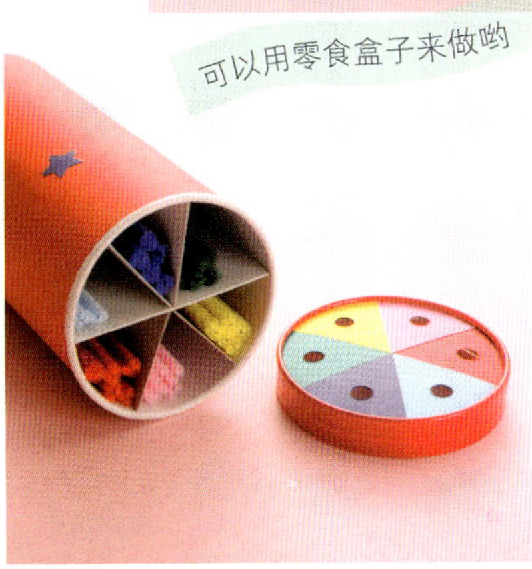

可以用零食盒子来做哟

益智要点

年龄小的孩子慢慢地玩，年龄稍大的孩子可以限定时间玩，一定会非常有趣。

p.92 HOW to MAKE

Color

多色玩具

风车和陀螺飞轮分别用两种不同的颜色来做，旋转起来后颜色就会混在一起了。

风车

陀螺飞轮

益智要点

告诉孩子两种颜色旋转起来会混合在一起的道理吧！

做法要点

风车棒可以用纸卷起来做成。陀螺飞轮可以从牛奶盒上剪下来两片贴在一起做成。

p.93 HOW to MAKE

会变色的水

用可食用色素把水染成不同的颜色，
把不同颜色的水混合在一起会有什么变化呢？
让我们一起试一试吧！

要使用浸过水的圆绳

益智要点

做实验的时候可以向孩子提出诸如“红色和黄色混合在一起会变成什么颜色呢？”等问题哟！

做法要点

因为是可食用色素，所以不用担心小孩子的安全问题。

p.93 HOW to MAKE

Part 4

辨形状

Shape

识别圆形、四边形等不同形状，
认识动物、植物以及物品的形状，
通过认识形状可以锻炼孩子的各种能力哟！

形状拼图

用圆形、四边形、三角形拼出不同的物品。
可以和孩子"一起做汽车"等。

尽量让颜色丰富一些

做法 要点

把彩纸贴在结实的瓦楞纸上。

p.93 HOW to MAKE

益智要点

拼图简单易做，在玩耍的过程中可以培养孩子的想象力和创造能力。

瓦楞纸形状配对玩具

将瓦楞纸贴在一起做成各种形状的小块，把这些小块从与它形状相同的小孔中投进去。

做法要点

为了防止瓦楞纸切口划伤手，我们要在切口处粘上纸。

哥哥教过之后，一个人在尝试呢

益智要点

不仅可以锻炼孩子对图形的认知能力，还可以锻炼孩子手指的灵活度。

p.94 HOW to MAKE

Shape

牛奶盒旋转拼图

通过旋转牛奶盒来拼出完整的图案，
幼儿也可以玩。

益智要点

先向孩子介绍会出现什么图案，
打乱顺序让孩子去拼。

做法 要点

为了防止图画边缘脱落，一定要用胶水粘牢。

做法　牛奶盒旋转拼图

材料　牛奶盒（100mL）3个
彩纸、圆绳　各适量

纸型 p.94 95

1

剪开牛奶盒。

2

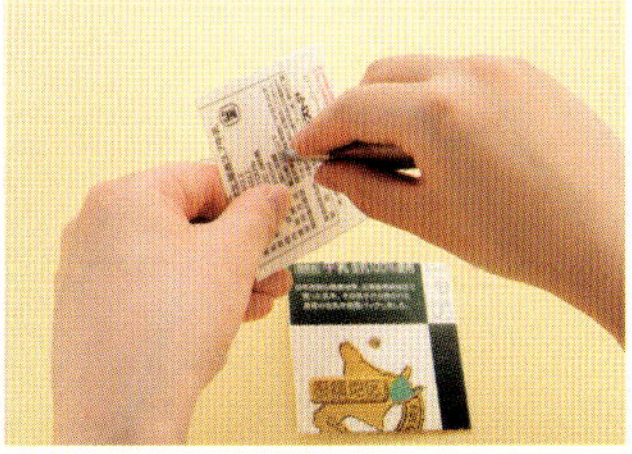

在盒盖和盒底开孔。

3

用透明胶带粘出3个立方体。

4

使用彩纸贴出与3个立方体连在一起的侧面等大的图案。

5

把4张图案分别分成3等份。

6

把相同位置的图案分别贴在立方体的侧面。

7

贴好后的样子。

8

顶端和底端贴上彩纸，并开孔。

9

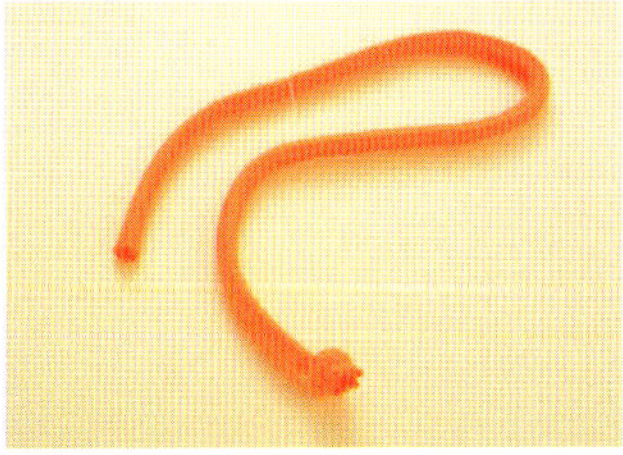

圆绳一端打结。

10

用绳子按顺序把3个立方体连起来。

11

将绳子另一端打结。

12

剪掉多余的绳子，完成。

对于年龄很小的孩子，只要把背景颜色旋转到一起就可以啦

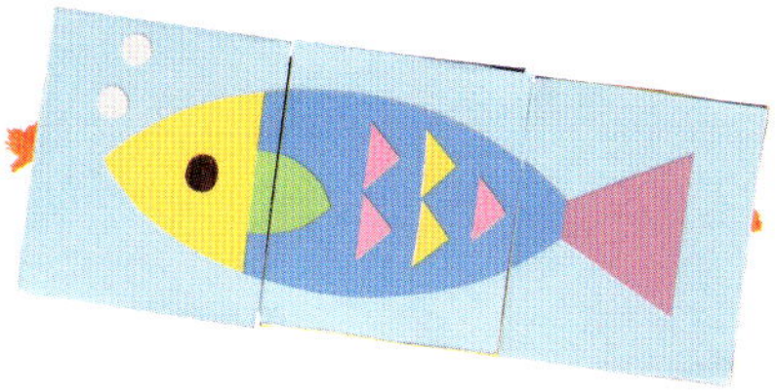

Shape

不织布曲奇

用不织布做成各种曲奇图形，
可以玩形状配对游戏了哟！

益智要点

相同形状的是哪一个呢？在一边对比一边完成的过程中，可以锻炼孩子的观察能力。

贴上串珠会更好玩

做法 要点

图形一定要剪整齐些哟！

p.95 HOW to MAKE

拼图

把图案贴在瓦楞纸上做成的拼图。
将 2 片拼在一起就会出现可爱的图案。

每一组背景的颜色都要不同

做法要点

先在瓦楞纸上贴上背景的彩纸，再贴上图案，最后把瓦楞纸对半剪开。

益智要点

先给孩子玩 2 片拼图，慢慢熟练之后，再增加拼图片数。

p.96 HOW to MAKE

Part 5 动手指 Fingers

随着孩子年龄的增加，他们慢慢地就可以动手做一些精致的手工。在此过程中，不仅可以锻炼手指的灵活度，更可以培养孩子的注意力。让孩子尽可能多地动手吧！

用晾衣夹做小动物

只需用晾衣夹就可以做出各种动物造型，也可以自己独立创作。

要点 做法 利用晾衣夹的颜色做出多彩的动物造型。

制作出色彩丰富的小动物

p.96 HOW to MAKE

益智要点

这个游戏不仅可以锻炼孩子手指的灵活度，“晾衣夹夹在哪里可以让动物站立起来呢？”——在思考的过程中也可以锻炼孩子思考问题的能力。

魔术贴苹果树

把魔术贴粘上去撕下来的过程
可以锻炼孩子手指的灵活度。

做法要点

只要将魔术贴的四角缝起来，其余部分用黏合剂粘起来即可。

益智要点

交给孩子时把苹果全部粘在上面，让孩子从摘苹果开始吧。共有 10 个苹果，当孩子年龄稍大时，也可以让孩子通过这个游戏练习数数。

p.97 HOW to MAKE

用按扣连接毛毛虫的身体

用按扣将身体连起来。选自己喜欢的颜色来做吧。

母扣（凹）在正面，子扣（凸）在反面

益智要点

为了便于按上，请选用稍大的按扣。

做法要点

除了按扣和脸部的刺绣需要缝制，其他部分用木工用黏合剂粘贴。

p.98 HOW to MAKE

用纽扣做花串

把纽扣扣在花的中央，这样就可以把花连接起来了。

纽扣变成了花芯

要点 做法

用木工用黏合剂把不织布剪的花、茎和叶子粘起来，再在花芯处剪开一个口作为扣眼。

益智要点

选用大一点的纽扣。共有 10 朵花，通过让孩子“把三朵花连起来”等，也可以让孩子练习数数哟！

p.98 HOW to MAKE

穿绳画

将绳子穿过一个个小孔，穿出不同的图案。接下来穿哪个孔呢？开动脑筋一边思考一边穿吧。

益智要点

不仅可以锻炼孩子的手指灵活度，更可以帮助孩子理解排序，同时还可以提高注意力。

做法要点

打孔位置的硬纸板一定要与不织布粘牢。

p.99 HOW to MAKE

练习穿鞋带

练习穿鞋带、系鞋带，
熟练之后就可以自己穿鞋了。

做法要点

要选择硬一些、结实一些的硬纸板。

鞋带两端缠上胶带使其变硬

益智要点

年龄小的孩子可以只练习穿鞋带，年龄稍大的孩子还可以练习系鞋带。

p.99 HOW to MAKE

Part 6

生活技能

Social Life

生活中的点点滴滴都可以帮助孩子成长。在游戏中提高生活能力，我们要做的就是这样的玩具。

学会使用筷子

练习用筷子把食物夹到盘子中，掉了也没关系哟！

做法要点

为了便于筷子夹取，请选择厚一点的瓦楞纸。

益智要点

教给孩子正确使用筷子的方法。也可以帮孩子计算全部夹完所需要的时间。

p.100 HOW to MAKE

用筷子喂饭

让孩子用筷子给小熊喂饭吧，在此过程中还可以愉快地练习使用筷子呢。

做法要点

嘴部后面垂了一张红色的纸，食物喂进去后就会掉入肚子中。

益智要点

盘子中也有孩子不喜欢吃的食物，在喂小熊的过程中，说不定孩子慢慢地会尝试着吃呢。

p.100 HOW to MAKE

Social Life

用彩色海绵做蛋糕

用色彩鲜艳的海绵和毛线小球球制作蛋糕。可以多做一些，来玩蛋糕店的过家家游戏吧！

益智要点

准备一个托盘，就可以玩过家家的游戏了。稍大一点的孩子还可以给他们准备V形夹。

做法要点

使用叉子做出来的小球球大小正好。

做法 用彩色海绵做蛋糕

※其他蛋糕的做法参照p.102

材料 海绵、蕾丝带、毛线、水钻 各适量

1

把海绵斜着切开。

2

把海绵切成等腰三角形。

3

周围粘贴上蕾丝带。

4

把毛线缠到叉子上。

5

缠50圈。

6

把线的一头从中间抽出。

7

系紧。

8

从叉子上取下，将两端剪开。

9

把小球球修剪圆。

10

粘到海绵上。

11

粘上水钻。

12

完成。

Social Life

用盒子做烧烤架

从盒子中取出烧烤工具，
在烧烤架上练习把蔬菜、肉翻面。

做法要点

要把烧烤的痕迹画明显一些，让孩子也能看明白。

烤好了

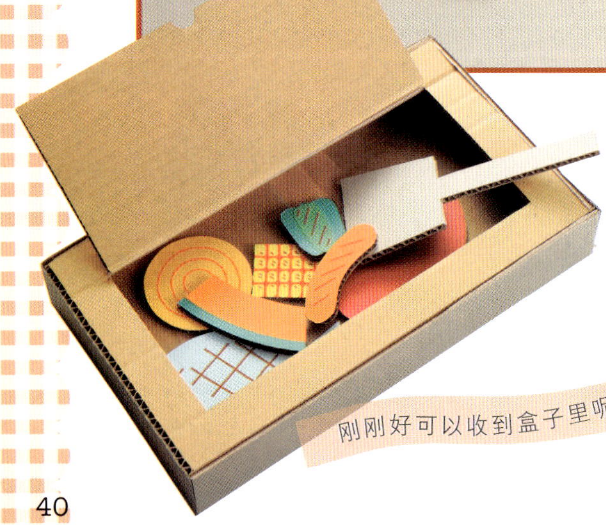

刚刚好可以收到盒子里呢

益智要点

“一面烤好后要翻到另一面，两面都烤好后才能吃哟。”可以一边做游戏一边告诉孩子常识。

p.101 HOW to MAKE

彩纸变装游戏

只需将不同的彩纸放入后面的袋子中，衣服、鞋子等的颜色就会改变。把小兔子打扮得漂漂亮亮的吧！

做法要点

不要将袋子粘得过紧，保证有足够的空间放彩纸。

益智要点

“要去哪里呢？”让孩子想象不同的场景来搭配服装会更有趣。

p.101 HOW to MAKE

Part 7

来比赛

Playing

定下目标，相互比赛。在此过程中不仅可以锻炼孩子的思考能力，更可以让孩子体验到强烈的成就感。

♥和★的连线游戏

棋盘也可以变为收纳的袋子，随时随地都可以玩。

做法要点

棋子上的标记和棋盘的格子都要用木工用黏合剂粘牢。

拉紧丝带，可以变为收纳的袋子

益智要点

3 颗♥或★连成一条直线即为胜利。想要获胜，必须要考虑对方会怎么走，可以锻炼孩子的预判能力。

p.102 HOW to MAKE

食物主题的托球游戏

用平底锅托住荷包蛋，
用锥形蛋卷托住冰淇淋，
托球也越来越好玩了呢！

可以选用喜欢的颜色制作冰淇淋球

做法要点

平底锅的把手和冰淇淋球都要粘牢哟。

向着厨师努力吧

益智要点

不但可以锻炼孩子的平衡感，同时还可以培养孩子的注意力。

p.102 HOW to MAKE

Playing

彩色套环游戏

瓦楞纸做成的环尽量大一些，这样比较容易套进去。在立杆头顶部也做一个球。

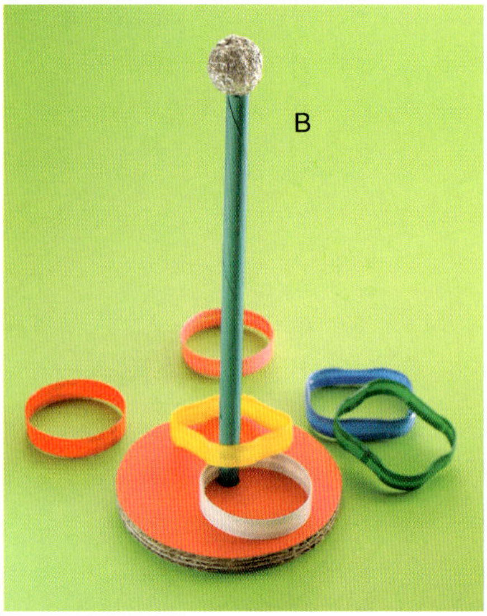

套环也可以用塑料瓶做成

做法要点

用纸斜着卷起来就可以做成结实的立杆了。

益智要点

不仅可以提高孩子的投掷能力，还可以培养注意力。年龄小的孩子可以离的近一些。

p.103 HOW to MAKE

水果小布包

水果形状的小布包，
里面装有红豆，制作方法十分简单。

“哪个是苹果？”幼儿也可以玩哟

做法要点

将布剪成圆形，再将上下缝起来，里面多装些红豆，使其有一定的分量。

益智要点

把小布包投出去、捡回来……刚开始一个一个投，之后可以增加投掷的数量。

HOW to MAKE p.103

Playing

相扑比赛

咚！咚！咚！地敲打台子来进行相扑比赛！
尝试不同的敲打方法，让自己获胜。

相扑也可以让孩子自己做

做法要点

该游戏中使用的是盒子，为了突出“咚！咚！”响的效果，可以只用盒盖。

益智要点

怎样才能取胜呢？该游戏可以锻炼孩子观察现状并采取对策的能力。

p.104 HOW to MAKE

弹珠迷宫游戏

倾斜箱子让弹珠到达目的地！
也可以计时比赛哟！

做法要点

迷宫要用木工用黏合剂粘牢。可以多多思考，设计出更难的迷宫。

益智要点

该游戏可以同时锻炼孩子的观察能力、思考能力和动手能力。

p.104
HOW to MAKE

Part 8

动起来

Movable Toy

不仅要考虑怎样让它动起来，还要考虑操作的技巧，是需要手脑并用的玩具哟！

用废料做竹蜻蜓

用塑料瓶或者一次性盘子做成的竹蜻蜓，整体比较大可以飞得很高哟。

做法要点

“翅膀”和竹柄之间一定要粘牢。“翅膀”越华丽，旋转起来就越漂亮。

益智要点

用手旋转、放飞。不仅要考虑放飞的方向、用力的大小，还要考虑的其他很多问题。

p.105 HOW to MAKE

用橡皮筋做手枪

瓦楞纸做成的手枪，用橡皮筋固定扳机，就可把橡皮筋射出去。

扳动扳机，橡皮筋就会飞出去

做法要点

扳机用一次性筷子充当，装饰可以让孩子来做。

益智要点

瞄准目标、射击！从哪边射击、怎样射击？在射击的过程中，可以锻炼孩子的动脑能力和注意力。

p.105 HOW to MAKE

Movable Toy

用电线做成的绕珠

用手移动串珠，串珠到达一定位置后，会自动地咕噜咕噜向下滑哟！

幼儿也可以玩的游戏

做法要点

让串珠自动向下滑的位置可以多一些哟。

益智要点

在看串珠移动的过程中，可以培养孩子的观察能力。对于幼儿来说还可以锻炼用手抓东西的能力。

做法 用电线做成的绕珠

材料 瓦楞纸、彩纸、电线、串珠、布胶带 各适量

1

把瓦楞纸剪成图示形状。

2

再粘在一起，贴上彩纸。

3

四周用布胶带粘起来。

4

把电线缠绕在胶棒上塑形。

5

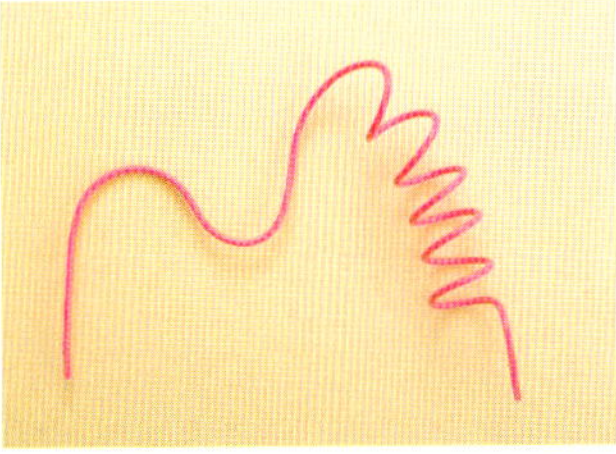

对电线塑形。

6

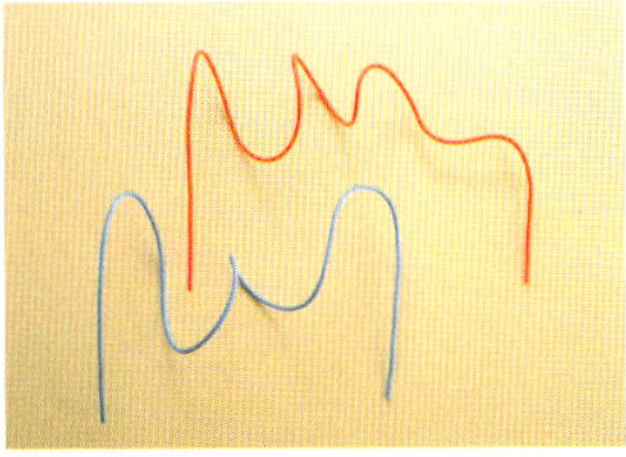

对剩下的2根电线塑形。

7

确定在瓦楞纸上开孔的位置。

8

用锥子开孔。

9

把串珠穿在电线上，再把电线插到瓦楞纸上。

10

把电线头折好。

11

弯折部分用布胶带粘好。

12

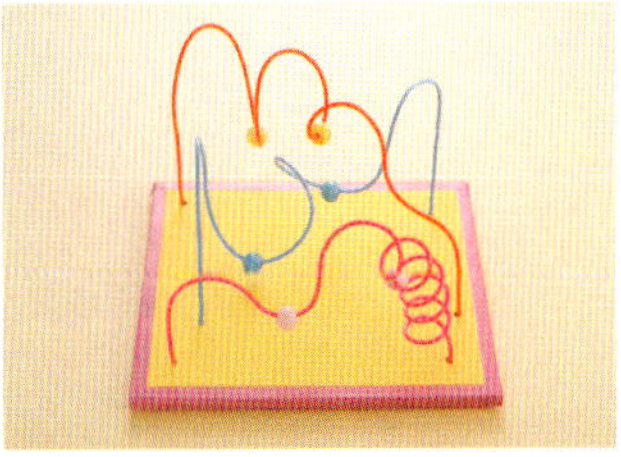

完成。

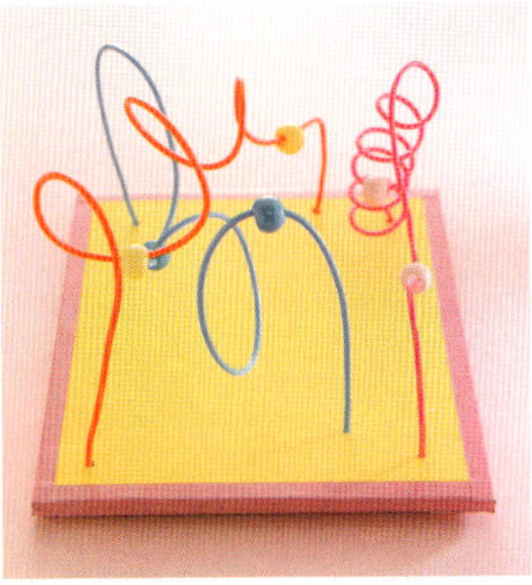

吸管火箭

把火箭插在吸管上，用力一吹，火箭就“发射”出去了。

做法要点

火箭一定要粘牢，不然“发射”不出去。如果用锡箔纸折，外观上会更像火箭。

益智要点

用力一吹，火箭就能“发射”出去，看一看谁“发射”得更高吧。

p.106 HOW to MAKE

用弹珠做车轮

给用牛奶盒做成的车装上弹珠轮子，轻轻一推，车就向前跑了。

益智要点

让孩子看车行进的原理，并想想还可以用什么做轮子。

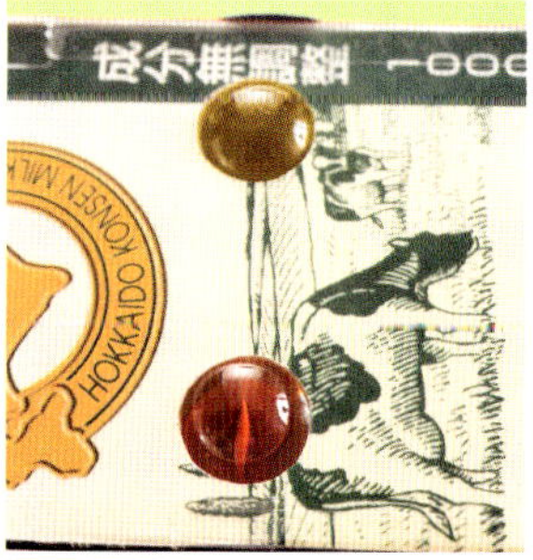

弹珠稍微露出可以保证车自由运动

做法要点

用塑料瓶盖可以保证弹珠自由运动。另外盖子一定要粘牢。

p.106 HOW to MAKE

Part 9

户外游戏

Outdoor

家长们一定也希望孩子能在室外愉快地玩耍吧。
这章要介绍的就是可以在户外玩的游戏。

用塑料瓶吹肥皂泡

在塑料瓶上缠上一层布就可以吹出如长蛇一般的肥皂泡了。

肥皂泡如长蛇一般蜿蜒而出

做法要点

尽量选用粗布，这样比较容易形成"长蛇"的形状。

益智要点

多次换气反复吹，一会儿"长蛇"就飞出来了哟！思考一下怎样让"长蛇"不易断开吧。

p.106 HOW to MAKE

五彩缤纷的肥皂泡

利用铁丝衣架做出大大的肥皂泡，
利用彩色扭扭棒吹出成串的肥皂泡。

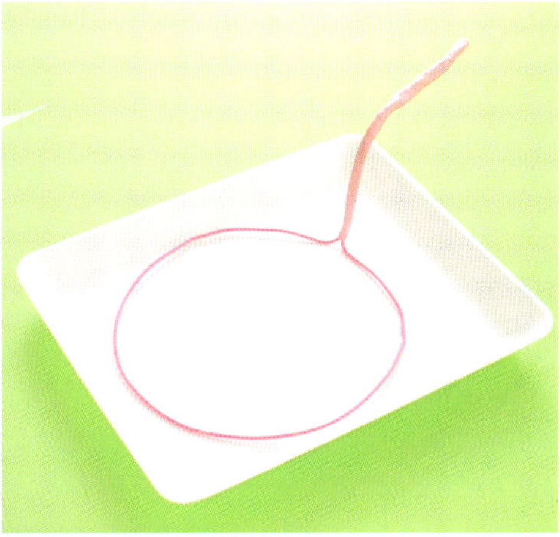

做法要点

溶液用洗洁精加蜂蜜制成。

益智要点

怎样做出更大的肥皂泡呢？怎样让肥皂泡串更长一些呢？在此过程中可以锻炼孩子的思考能力。

p.107 HOW to MAKE

Outdoor

用空罐子做高跷

用 2 个空罐子就可以做成高跷哟，
熟练后可以把高跷做得更高一些。

做法 要点

绳子一定要固定牢。

A

B

还可以系上铃铛哟

益智要点

提绳子、迈步子，不仅可以锻炼孩子的平衡感，还可以锻炼孩子的思考能力。

p.107 HOW to MAKE

用纸盘子做飞盘

把细棒插在盘子上，用力旋转，
盘子就会飞起来呢！

益智要点

放飞盘子的要领与竹蜻蜓相同。怎样才能让盘子飞得更高、更远呢？让孩子一边玩耍一边思考吧。

做法要点

可以使用多种颜色来装饰盘子。快和孩子一起设计盘子的样式吧。

p.107 HOW to MAKE

用沙土做蛋糕

用沙土做一个 3 层蛋糕，做好后再找些花来点缀。

做法要点

在沙土里面加些水会比较容易成型。

益智要点

跟孩子一起做，让孩子体会做造型的乐趣。

用伞套做飞机

将伞套吹鼓起来，装上翅膀就可以飞了。
可以和小伙伴比赛，看谁的飞机飞得远哟。

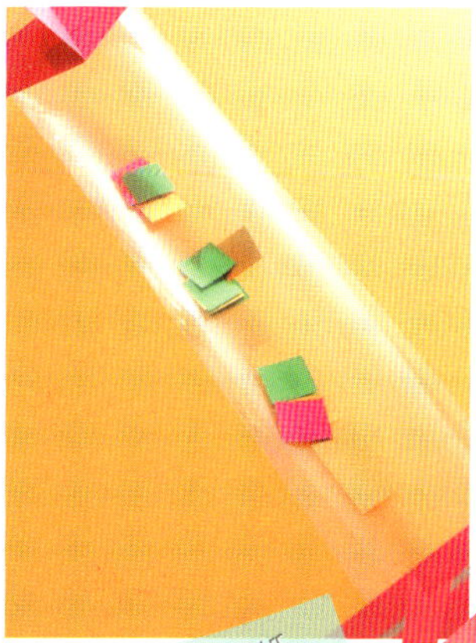

伞套中还可以放一些彩纸

p.108 HOW to MAKE

益智要点

装上什么样的翅膀，飞机更容易飞呢？一边做一边让孩子思考。

做法要点

为了防止伞套漏气，开口处一定要密封好，另外再粘层胶带加强密封的效果。

Part 10

戏水游戏

Playing in Water

对小孩子来说，洗澡时玩游戏是最开心的。夏季，无论是在游泳池中还是在浴盆中，小孩子都是喜欢一边洗澡一边玩耍的。本章就是戏水玩具大集合哟！

浴室贴纸

把零食袋剪成三角形、四边形，
将其漂在水面，然后贴在墙上或瓷砖上。

将其漂在水面

益智要点

“我们来建城市吧！”游戏开始前给孩子定一个主题，这样比较容易发挥。把一个个简单的形状组合起来的过程，可以锻炼孩子的创造力。

做法要点

剪取色彩比较漂亮的地方，可以让孩子自己去剪。

p.108 HOW to MAKE

用吸铁石玩钓鱼游戏

用透明文件夹做鱼儿，在嘴的位置上别上曲别针，通过吸铁石把鱼儿钓出。

还可以进行限时游戏

做法要点

鱼儿的花纹用彩色胶带贴出来，可以做得绚丽多彩一些。

益智要点

用眼睛仔细观察、再挥动鱼竿。在游戏中可以锻炼孩子的观察能力、思考能力和动手能力等。

p.108 HOW to MAKE

Playing in Water 塑料瓶淋浴器

在瓶底开几个孔就可以了。
除了可以在浴缸中玩，还可以在游泳池中玩。

做法要点

打孔的位置不同，水流出的方向就不同。注意孔不能太大。

益智要点

让孩子观察水流，可以引导他思考："为什么会有水流出来呢？"

做法 塑料瓶淋浴器

※其他的塑料瓶淋浴器的制作方法参见p.109

材料 塑料瓶（1.5L）1个、塑料胶带适量、电线（粗3mm）40cm

纸型 p.109

1

在塑料瓶要剪开的地方贴上塑料胶带。

2

剪开塑料瓶。

3

用步骤1的塑料胶带缠在开口处。

4

把铁丝烧红。

5

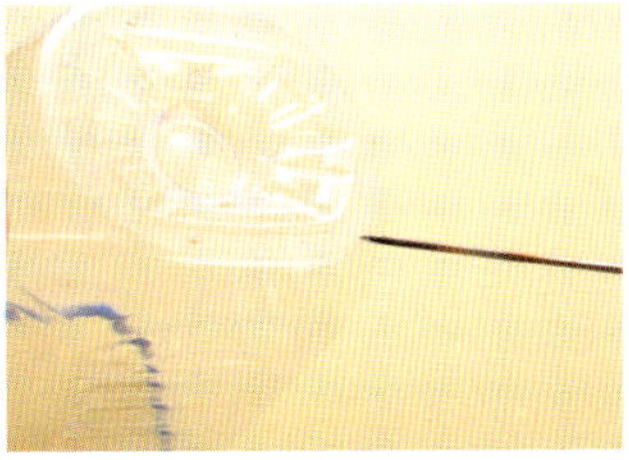

在瓶子侧面和底部开孔。

6

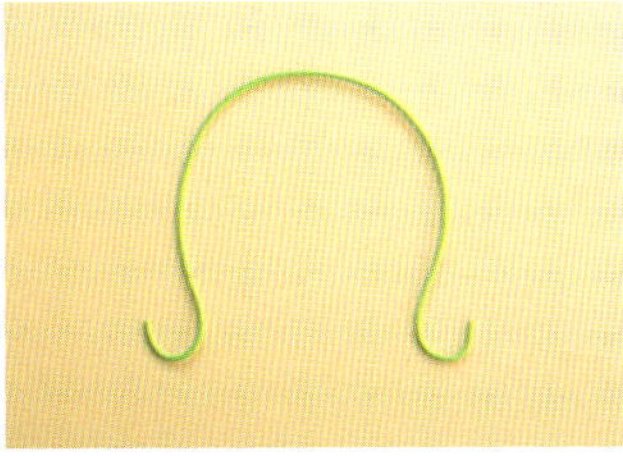

用电线做提手。

7

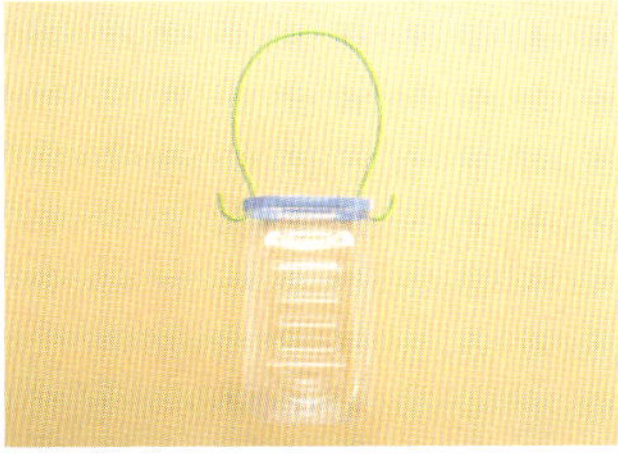

把提手穿进侧面所开的孔中。

8

在电线的两端缠上塑料胶带。

9

在透明贴纸上画上图案。

10

贴上塑料胶带。

11

沿图案裁剪。

12

贴上步骤11的图案，完成。

不可思议的塑料瓶淋浴器

加入水盖上瓶盖后，将瓶子提起来水也不会流出。

按一下，水就会流出来。

拧开瓶盖，水会很快地流出来。

Playing in Water

用洗发水瓶做水泵

只需要在容器下面打孔即可。
很适合在洗澡时用来玩水。

做法要点

要防止开口划伤手。可以用塑料胶带装饰得活泼、多彩一些。

益智要点

教给孩子抽水、喷水的方法。

p.109 HOW to MAKE

用牛奶盒做小船

船的动力靠水和气球，
一边玩耍一边思考船行进的原理吧。

注入水后，船开始游动

益智要点

让孩子思考船为什么会动，并让孩子考虑船怎样才能更好地前进呢？

气球鼓起来后船开始运动

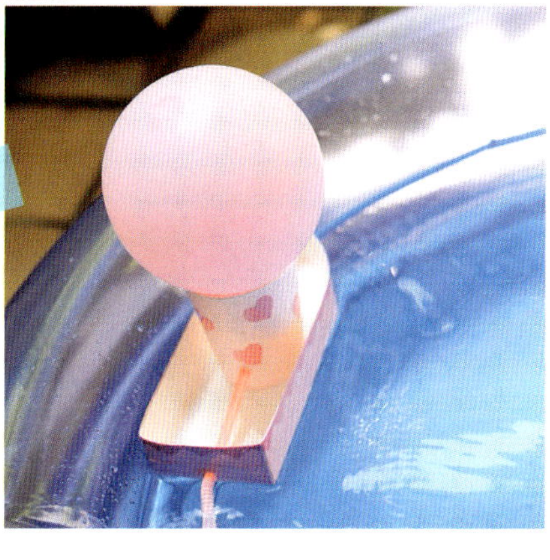

做法要点

吸管的角度以及纸杯的位置是重点，可以决定船的运动速度、方向。

p.109 HOW to MAKE

Part 11

手工艺品

Craft

制作手工艺品，不仅可以锻炼孩子的动手能力，还可以培养孩子的思考能力及创造力。赶快让你的孩子喜欢上制作手工艺品吧！

黏土串珠

不仅可以享受做串珠的乐趣，还可以享受把串珠穿起来的乐趣。

做法 要点

黏土晾干后会收缩，所以孔要做得大一点。

p.110 HOW to MAKE

益智要点

不仅可以锻炼孩子手指的灵活度，还可以通过制作装饰品锻炼孩子搭配颜色、形状等的构思能力。

用塑料瓶做编织器

用塑料瓶制作编织器，再用它进行编织。
这种编织方法，也很受男孩子的欢迎。

做法要点

太用力的话，毛线就会拉得过紧。一定不要太用力。

编织方法

1

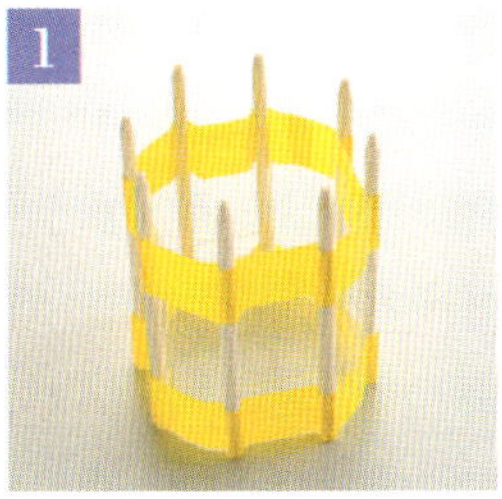

用胶带把塑料瓶和一次性筷子（作为针使用）组合起来。

2

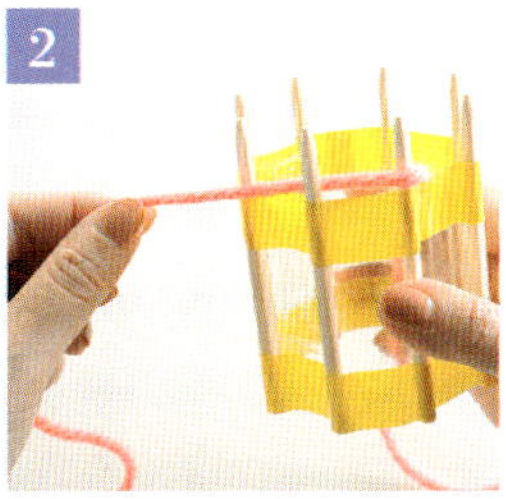

将毛线的一头穿过瓶子中央，从针的后面绕出。

3

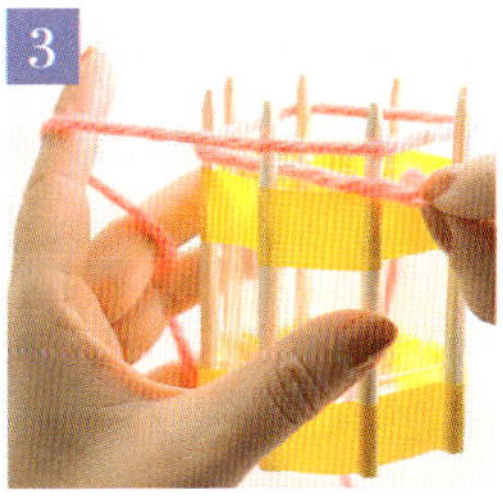

毛线在针的前后交叉绕过，绕1圈后，第1根针上就会有2根毛线，用手指捏住下面的毛线。

4

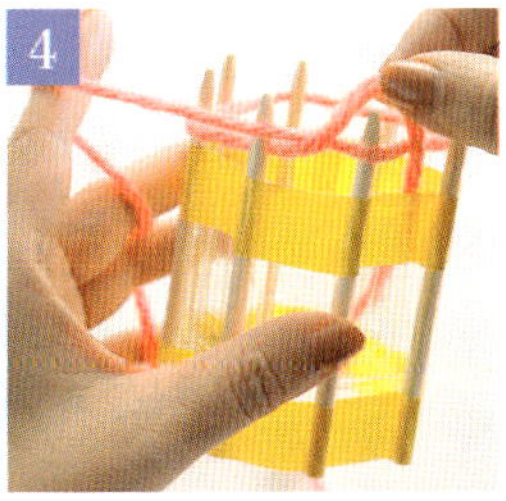

将毛线提上来后，翻到针的内侧，进行编织。

益智要点

不仅可以锻炼手指的灵活度，而且由于做出来的东西可以使用，更能让孩子产生一种成就感。

p.110 HOW to MAKE

5

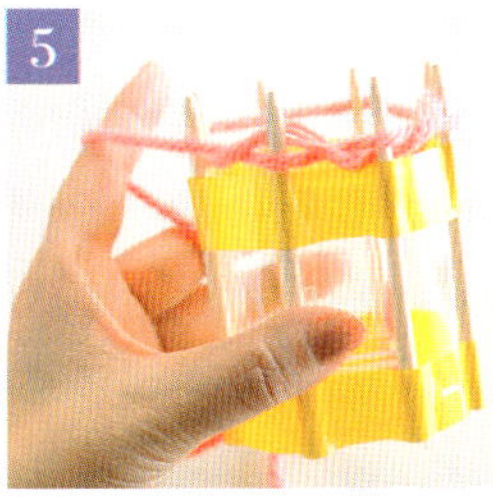

按照相同方法编织1圈后，每根针上都会有2根线。

6

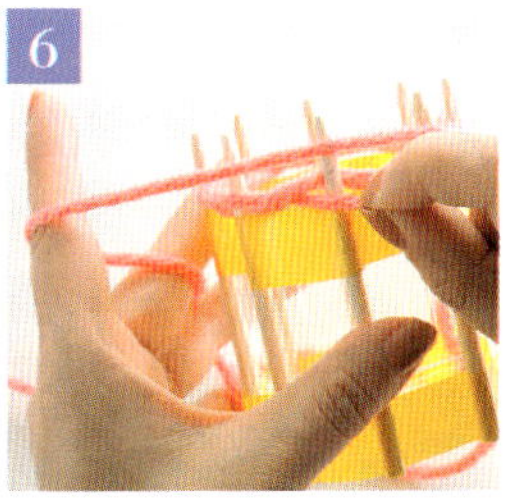

从第2圈开始隔1根针编1次，直到编出自己喜欢的长度。

7

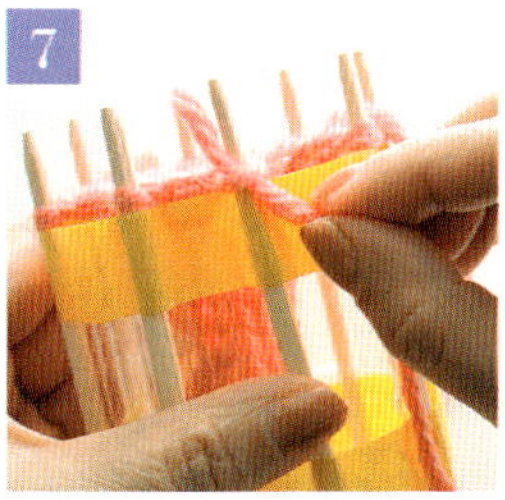

最后毛线留出30cm后剪断，从每一针目的下侧向上侧穿过。

8

全部穿好后，取下来。

9

把两端系紧，完成。

Craft

用面团做小玩具

用面团做小玩具，做好后打孔并穿上绳子，可以挂起来作为装饰物。

益智要点

玩面团可以锻炼孩子的动手能力和创造力。有限的颜色更便于完成作品，这也是该游戏的优势。

可以加入食用色素，做成不同的颜色

做法要点

揉面不能揉太久，揉得太久，面的弹力会过强。

p.110 HOW to MAKE

用面粉做玩偶

把面粉装进气球中就可以了。
可以做成各种各样的脸哟！

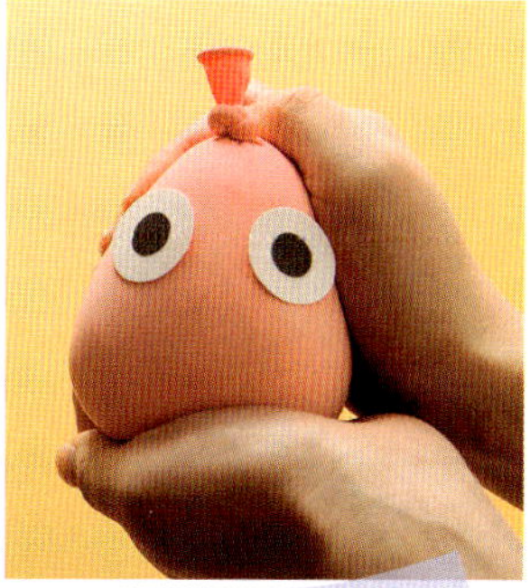

用手捏出不同的造型

做法 要点

装入面粉的多少、气球的颜色不同给人的感觉也不同，可以做各种尝试。

p.111 HOW to MAKE

益智要点

通过改变脸部形状，可以做出发怒、微笑等表情。还可以给孩子规定主题。

Part 12

辨别声音

Sound

从小就训练孩子对声音的敏锐度。利用身边可以发出声响的东西做出不同的小玩具吧！

用塑料瓶做锯琴

利用塑料瓶凸凹的特点做成的锯琴，贴上彩色胶带作为装饰会更像玩具哟。

用一次性筷子敲出声音

益智要点

会发出什么声音呢？可以一边玩一边问孩子。也可以配合音乐一起演奏。

做法要点

主要是利用塑料瓶凸凹相间的结构做成的。

p.111 HOW to MAKE

小丑拨浪鼓

转动鼓棒，小丑的手敲击“肚皮”就会发出声响。
“肚皮”是用乳酪盒做成的，中间是空心的，所以声音会比较空洞。

可以先示范给孩子看

做法要点

为了让“脸”不容易损坏，请用硬纸板和瓦楞纸制作。

益智要点

如果是小婴儿的话，可以让大人转动，让孩子听声音。

稍大一点的孩子可以自己转动拨浪鼓。

p.111 HOW to MAKE

Sound

用瓶盖做响板

套在手指上敲击就会发出声音哟！
配合音乐来敲击吧。

婴儿也可以玩哟

益智要点

敲击后能发出声音，可以根据孩子年龄的不同，让孩子用不同的节奏敲击。

做法要点

可根据手指长短调节橡皮筋的长短，可以选择不同颜色的。

p.112 HOW to MAKE

用空盒子做吉他

在空盒子上装上用瓦楞纸做成的指板，
吉他就做好了。
拨动拉紧的绳子，就会发出声音了。

为了让绳子拉紧，有一个支撑物是要点！

做法要点

跟孩子一起做，让孩子了解吉他的构造。

益智要点

让孩子听声音、并让其考虑怎样发出声音。在此过程中，可以培养孩子用感性感知事物的能力。

p.113 HOW to MAKE

Part 13

学习 Learning

对小孩子来说，学习也是一种游戏。
一边玩耍，一边学习，最好不过了。这就是学习玩具的魅力。

英文字母表

对于喜欢英文字母的孩子，玩这个游戏一定很高兴吧。

益智要点

从A、B、C开始学起吧。问问孩子“A是哪一个？”“这个字母怎么读？”“苹果用英语怎么说呢？”等，可以从不同的角度来提问。

p.115 HOW to MAKE

把字母组合起来，拼成单词

帆船!

要点 做法

将不织布贴上去，再用熨斗熨烫一下就会粘贴得很牢（参见 p.86）。

Learning

练习数数

小狗脖子上挂的数字是几，就夹上几朵花。

做法要点

因为会反复使用，所以一定要用厚一点的纸粘牢，制作得结实一些。

益智要点

从 1 开始依次教给孩子。

1 对应 1 件东西，数字写为“1”，以这种方式让孩子理解数字的意义。

做法 练习数数

材料 瓦楞纸、硬纸板、彩纸、圆绳各适量，晾衣夹 10个

纸型 p.117

1

裁剪瓦楞纸。

2

贴上彩纸。

3

粘贴组合。

4

在晾衣夹和硬纸板上贴上彩纸，做出花的形状。

5

做10朵花。

6

把彩纸贴在瓦楞纸上做出小狗的形状。

7

剪成小狗的形状。

8

在小狗底部装上支架。

9

把小狗贴在底座上。

10

在贴有数字的硬纸板上开孔。

11

穿上绳子，数字1～10全部做出来。

12

完成。

可以将花朵和数字牌收藏在背面的盒子中

Learning

可以转动指针的钟表

“7 点钟的时候要起床哟！”……在玩钟表的同时可以让孩子养成良好的生活习惯。

卡片可以收藏在后面的盒子中

做法要点

指针用双脚书钉固定，指针上的打孔处粘上胶带以加固。

益智要点

可以让孩子把指针转动到指定的时间；还可以启发孩子“下午茶是几点呢？”然后让孩子把指针转动到相应的时间。

p.118 HOW to MAKE

趣味日历牌

让孩子当日历管理员，每天更换日历牌上的日期吧。

在卡片背面贴上透明胶带
再粘上连成圆形的胶带

卡片放在前面的盒子中

益智要点

确认日期的过程也是认识数字的过程。每天坚持一定会进步很快。

做法要点

用瓦楞纸做底座，一定要粘牢。

p.119 HOW to MAKE

制作窍门 *How to make well*

只要稍微掌握一点技巧，作品就会变得很漂亮。
有些作品看起来很难，但其实只要掌握要点，做起来会非常简单。
让我们仔细看完再动手做吧。

裁剪方式 要点 剪刀篇

无论是纸张还是不织布，只要剪得漂亮，作品也会很漂亮。下面介绍的就是不用描图的方法。

不织布也用相同的剪法

沿图案裁剪

用透明胶带把图案粘贴在彩纸上再裁剪

1

按照比原图案大一圈的形状裁剪。

2

把图案用透明胶带粘在彩纸上。

3

裁剪。

4

剪好后的样子。

5

需要多张相同的图形时，请使用步骤4剪下的图案继续裁剪出多张。

6

剪好2片的样子。

裁切方式 要点

美工刀篇

使用美工刀也是有技巧的。
对于那些不擅长使用美工刀的人来说其实只需要改变一下握法和用力的方式，操作就会变得很简单。

裁剪东西时用美工刀很方便

美工刀的使用方法

只需好好阅读下面的内容，美工刀用起来就会变得很顺手

刀片大约露出如图的长度。

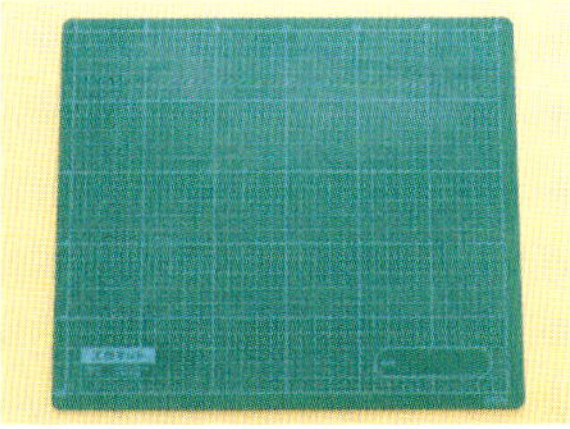

在切割垫上切。

美工刀可折断形成新的刀锋

把美工刀后面的折断工具取下来，把刀头放进去折断就可以形成新的刀锋。

切直线时

1

美工刀的握法。

2

将直尺放在要切开的地方。

3

刀刃放在要切开位置的前方。

4

慢慢地、不要太用力。

切开细致的曲线时

1

像握铅笔一样握住美工刀。

2

随着弧度转动纸张，慢慢裁切。

How to make well

工具 各种

黏合剂

材质和用途不同，使用的黏合剂也会不同，没有选到合适的黏合剂，有可能就会粘不牢。
让我们根据材质来选择不同的黏合剂吧。

胶棒

适合纸张的粘贴，
特点是不会把纸弄皱。

粘贴纸

粘贴瓦楞纸

木工用黏合剂

不仅适用于木材，也适用于不织布和布料，
特点是晾干后会变透明。

倒进小盘子中，用竹签涂，这样比较方便

粘贴布料

粘贴不织布

塑料用黏合剂

能够把塑料粘得很牢固，很快就可以晾干，
使用起来很方便。

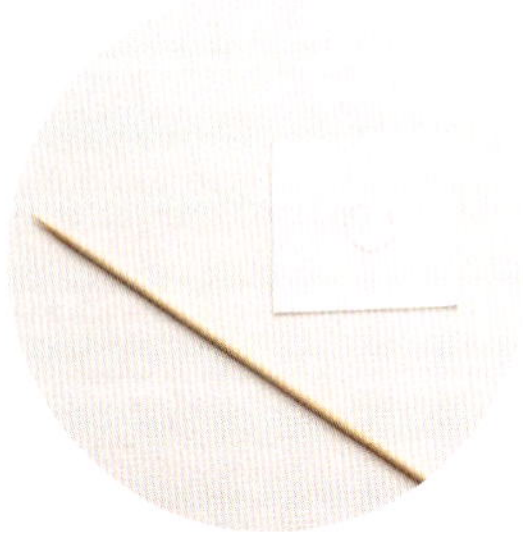

挤到纸上，用竹签摊开

粘塑料

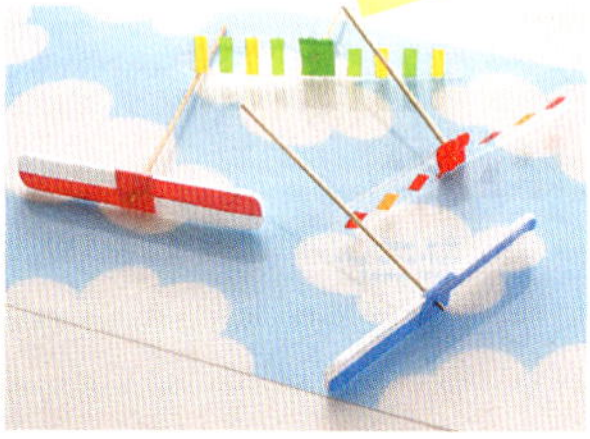

粘海绵

喷雾胶

适用于大面积粘贴东西。胶能快速、均匀地喷涂，使用起来很方便。

使用起来很方便

粘贴瓦楞纸

大面积粘贴

各种工具 打孔器

益智玩具中，需要打孔穿绳的玩具很多，下面给大家介绍各种打孔的方法。
大家可以根据材质和用途选择不同的打孔方法。

锥子

不仅适用于在布上打孔，还可以在普通纸张和瓦楞纸上打孔。孔可大可小。

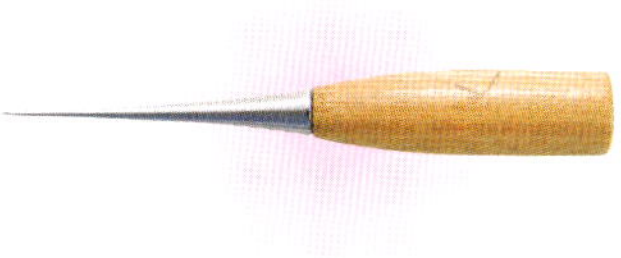

在纸上打孔

在布料上打孔

打孔器

可以在普通纸张和布料上打出很漂亮的孔。可根据所需打孔的大小选择。

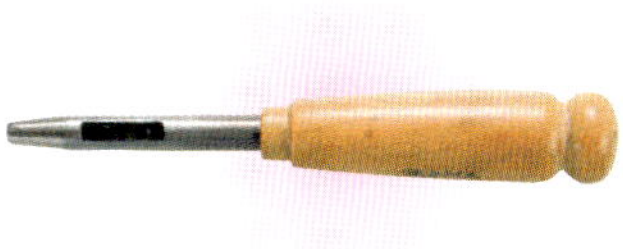

在不织布上打孔

在纸上打孔

打孔机

适用于书本等的打孔。
打掉的部分可以用来做眼睛等。

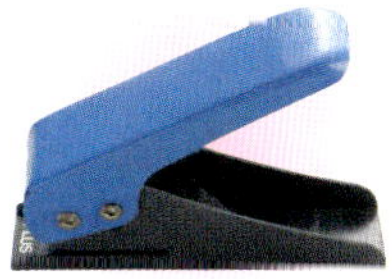

打孔

做成眼睛

铁钎子

适用于在塑料瓶上打孔。
给铁钎子加热，使其熔掉塑料瓶的接触位置，达到打孔的目的。

在塑料瓶上打孔

How to make well

各种材料

牛奶盒

牛奶盒结实、耐水，是做玩具不可缺少的材料。因为有棱，所以裁剪的时候要注意。

剪出形状，做成交通工具也不错

牛奶盒的裁剪方法

在裁剪处用红色笔画线

1

测量要裁剪的尺寸，在裁剪位置用红色笔画线（A–B）。

2

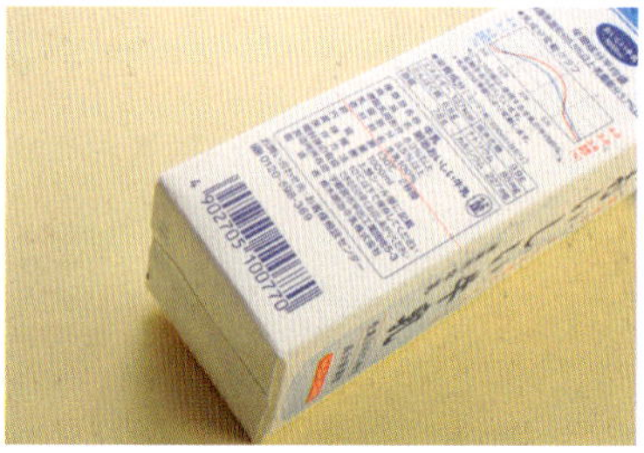

在对面同样地画线（C–D）。

画线的顺序

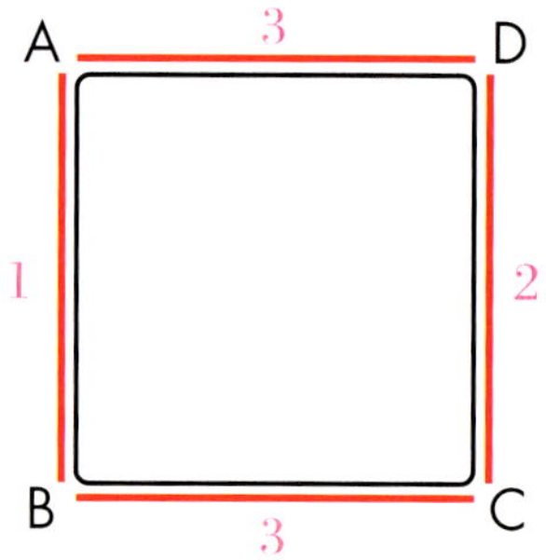

从牛奶盒上看到的样子

3

将两条线连接起来（A–D/B–C）。

4

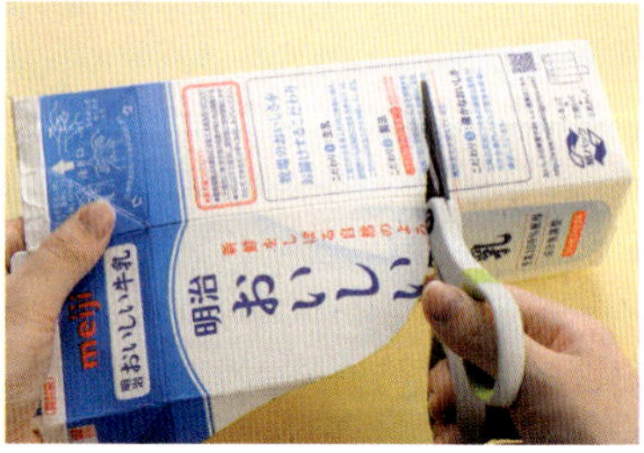

牛奶盒底向右倾斜，剪出大概的形状。

5

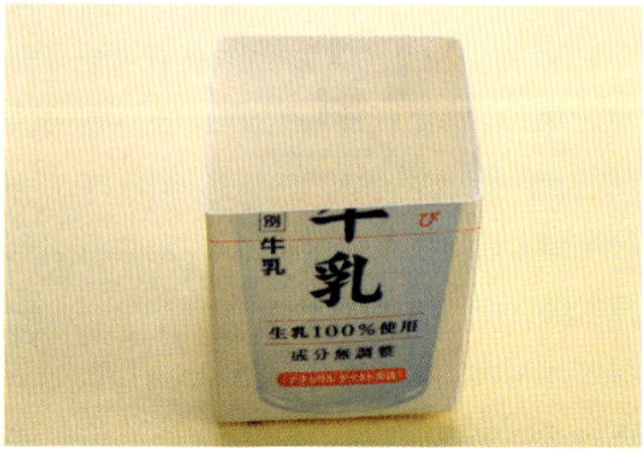

剪出的大概形状（沿比红色线靠上的位置裁剪）。

6

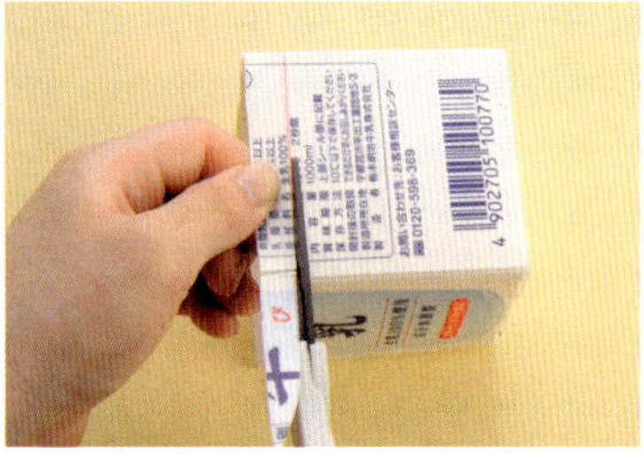

再沿红色线裁剪。

7

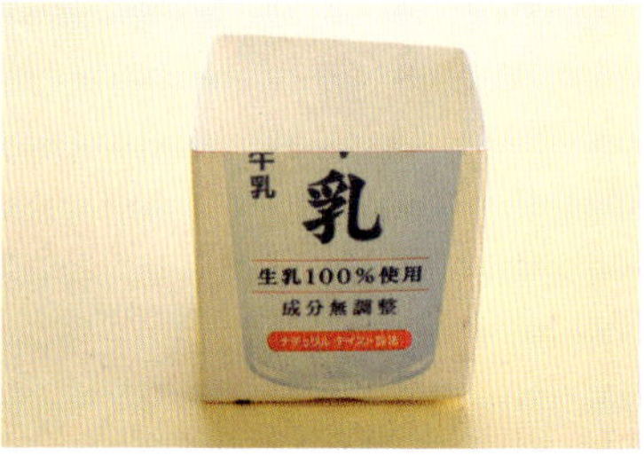

剪好后的样子。

也可以贴上布进行装饰

各种材料

塑料瓶

用塑料瓶做孩子洗澡时玩的玩具再合适不过了，只不过塑料瓶的开口处容易划伤手，所以一定要包上塑料胶带。

也可以当作装饰物哟

塑料瓶的裁剪方法

剪开位置要用塑料胶带把边儿包起来。

1

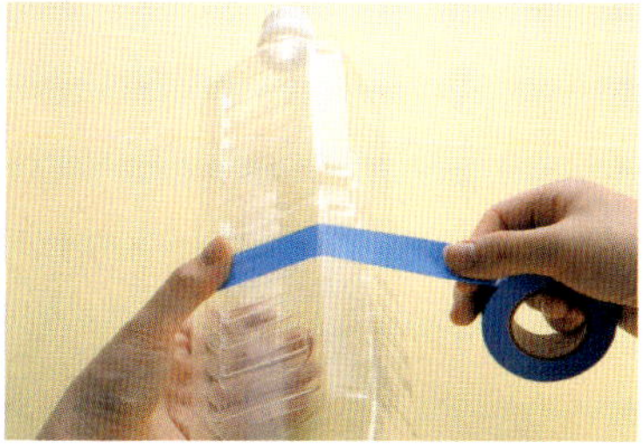

在要裁切的位置下方缠上塑料胶带。

2

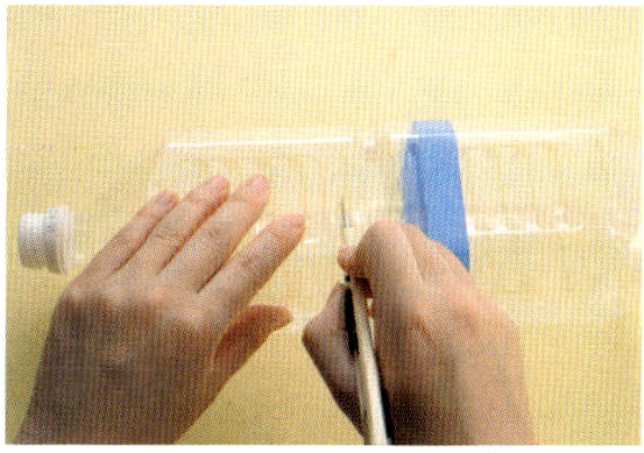

用美工刀在要裁切位置上方切开一个切口。

3

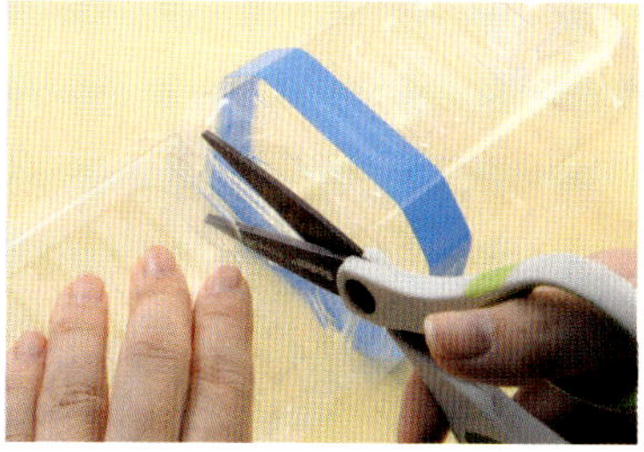

在切口处使用剪刀裁剪。

4

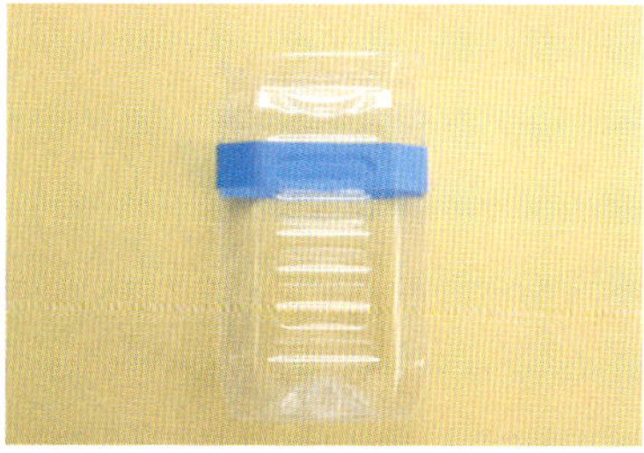

剪好后的样子。

5

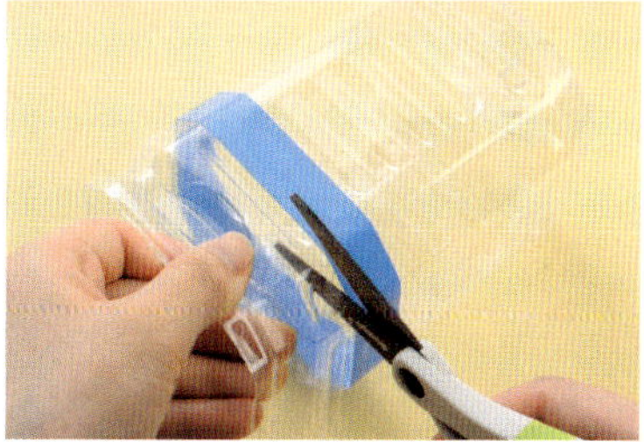

沿塑料胶带的上边缘裁剪。

6

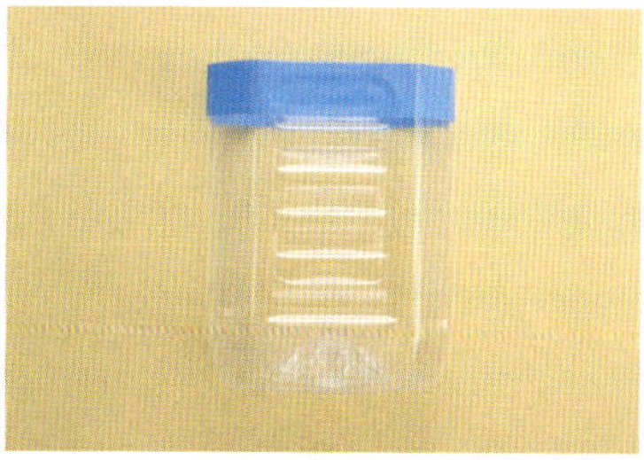

剪好后的样子。

7

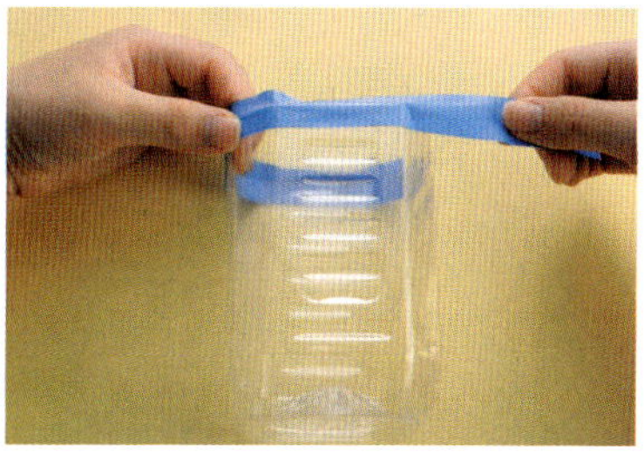

揭掉塑料胶带，再次粘贴，使塑料胶带与塑料瓶重合1cm。

8

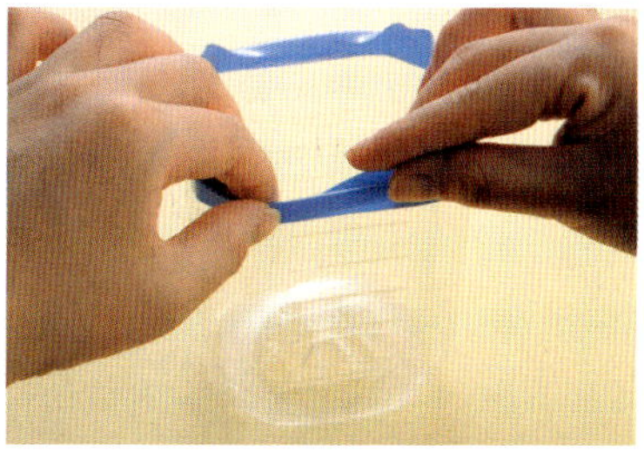

将露出的塑料胶带向塑料瓶内侧折，包边。

9

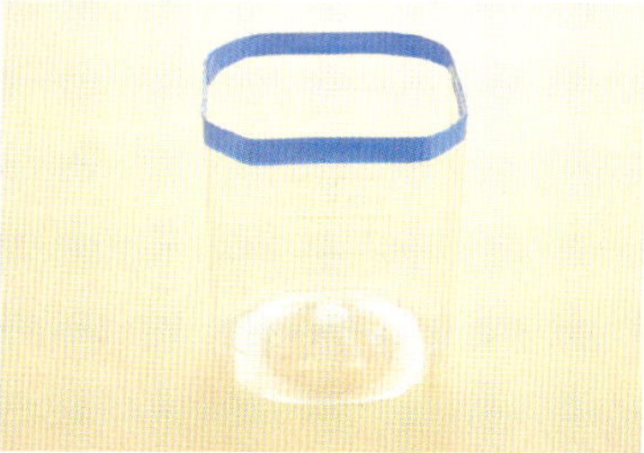

完成。

How to make well

各种材料 不织布

不织布是做玩具很好的材料，可缝制、可粘贴。想怎么做就怎么做。

不织布的粘贴方法、缝制方法

粘贴

1

将不织布上涂上木工用黏合剂。

2

粘贴。

3

用熨斗烫一下，可以粘得更牢固。

缝制

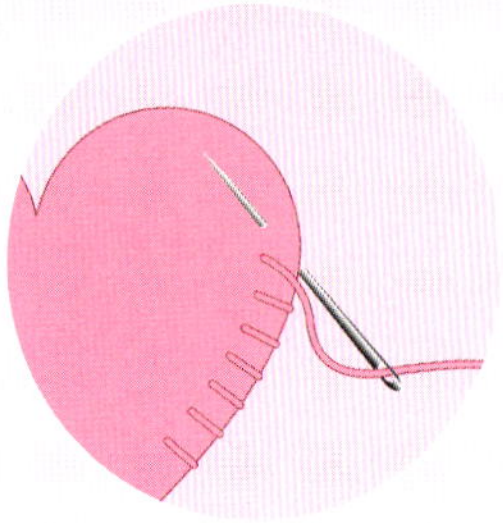

立针卷针缝
用与不织布相同颜色
的单股刺绣线缝制。

缝合

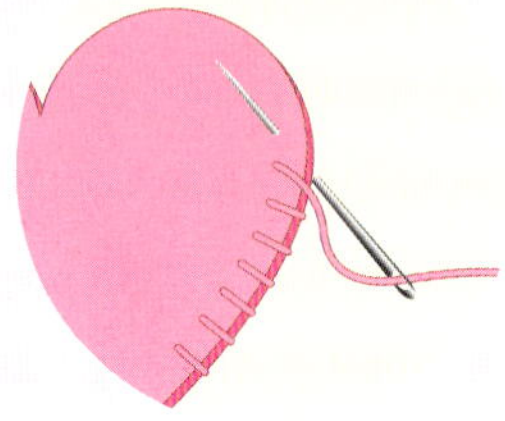

卷针缝
用与不织布相同颜色
的单股刺绣线缝制。

制作方法和纸型

我们尽可能简化制作步骤。让我们边看边做吧。

Baby p.6 塑料瓶摇铃

材料

<A>
- 塑料瓶（200mL） 1个
- 铃铛 4个
- 塑料胶带 适量

<B>
- 塑料瓶（112mL） 1个
- 吸管 适量
- 塑料胶带 适量

<C>
- 塑料瓶（112mL） 1个
- 一次性筷子 2根
- 塑料胶带 适量

<A>

❶ 把铃铛放进塑料瓶中，盖上盖子。

❷ 粘上图案。

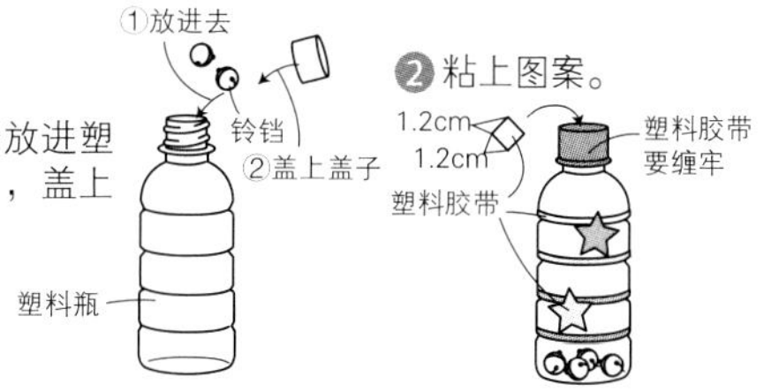

实物大纸型

＊全部使用塑料胶带

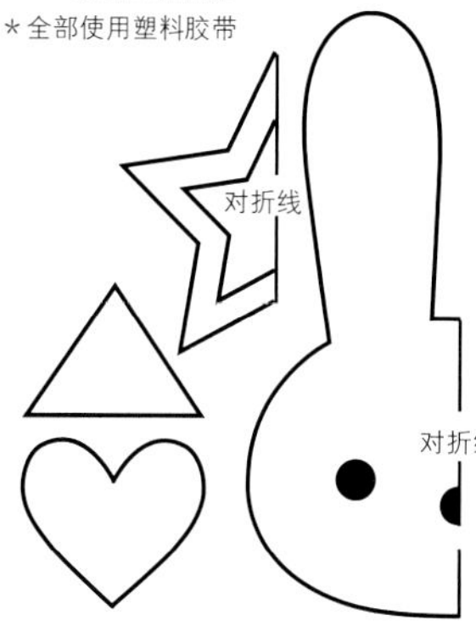

Baby p.7 毛巾手抓玩具

材料

<小熊>
- 布（毛巾质地）各24cm×11cm

<小鸭>
- 布（毛巾质地）各25cm×11.5cm
- 可水洗不织布 各适量
- 25号刺绣线 各适量
- 填充棉 各适量

<小熊>

❶ 把主体缝好。

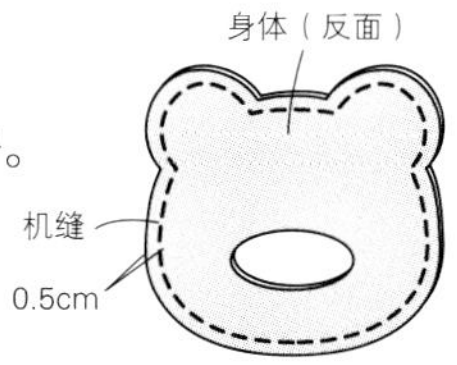

❷ 翻到正面，里面塞入填充棉，缝合。

❸ 做出脸的形状。

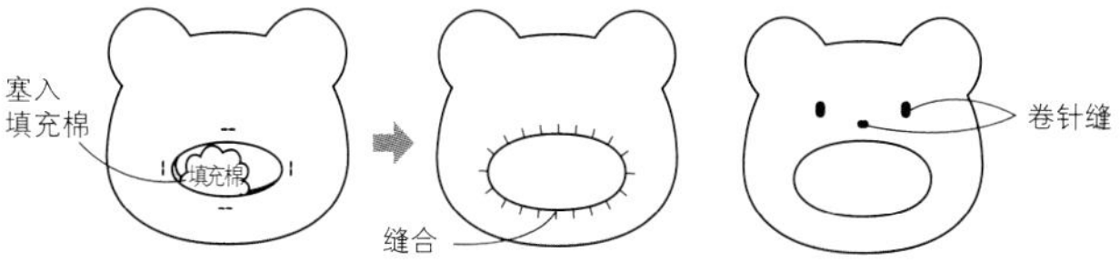

<小鸭>

❶ 做鸭嘴形状。

❷ 把鸭嘴缝在鸭身上。

❸ 缝制身体。

❹ 翻到正面，塞入填充棉，缝合做出脸的形状。

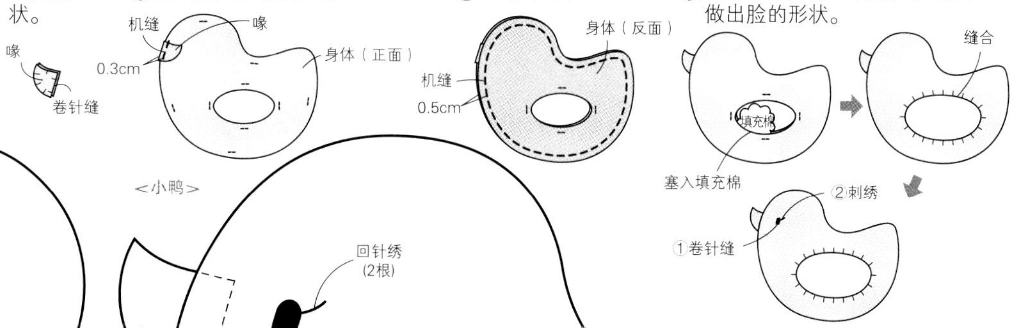

实物大纸型

＊身体部位留出0.5cm的缝份

<小熊>

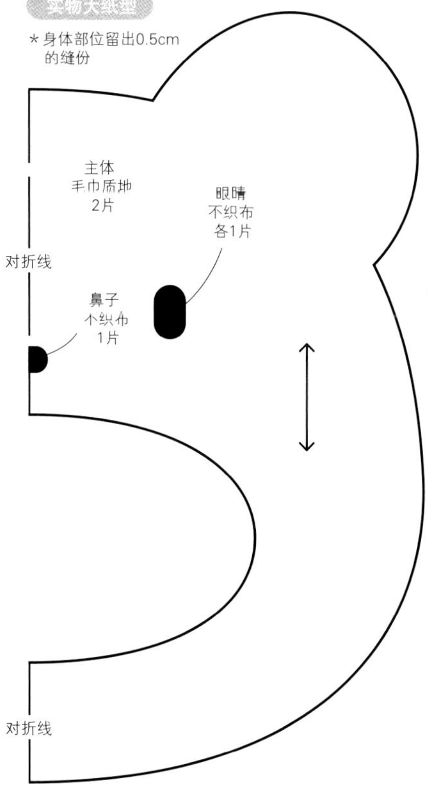

<小鸭>

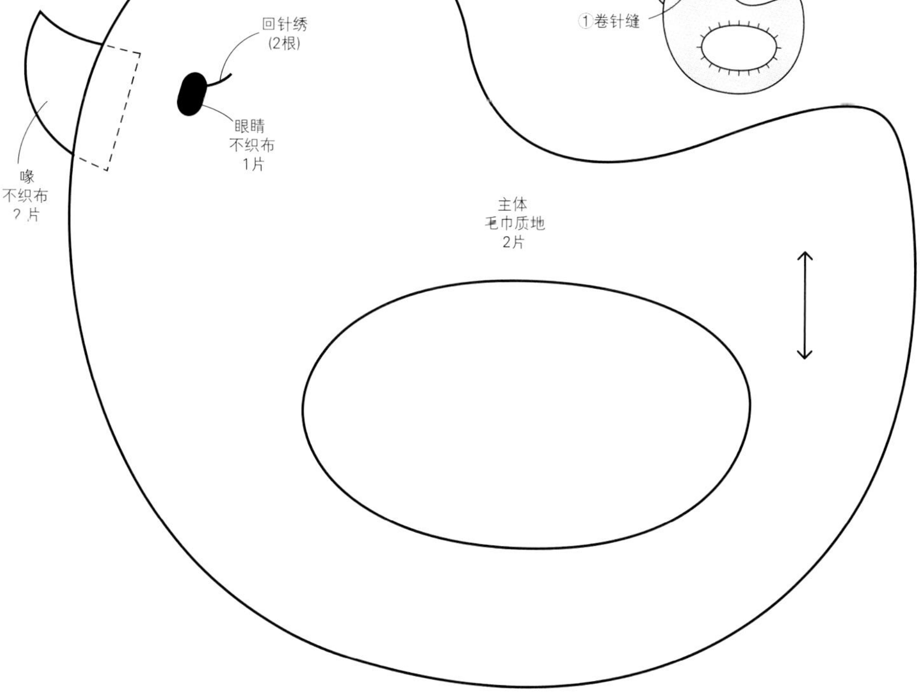

Baby p.8 彩色球

材 料

<小>
- 购物袋 2个
- 塑料胶带 适量

<大>
- 购物袋 3个
- 塑料胶带 适量

<大、小球的做法相同>

把购物袋揉成团，用塑料胶带缠绕起来

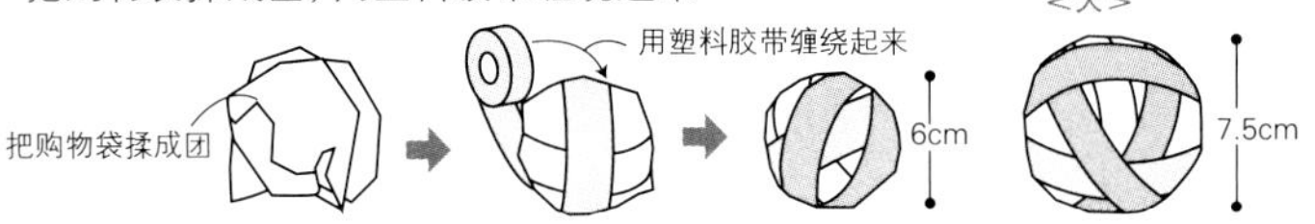

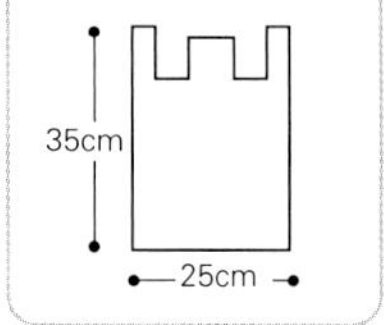

Baby p.8 彩色球

材 料

<A>
- 布（毛绒质地）a色、b色各72cm×8cm
- 填充棉 适量

<B>
- 布（毛绒质地）a色 72cm×8cm
  b色 48cm×8cm
- 填充棉 适量

<C>
- 布（毛绒质地）a色、b色 各52cm×5cm
- 填充棉 适量

实物大纸型

※留出0.5cm的缝份

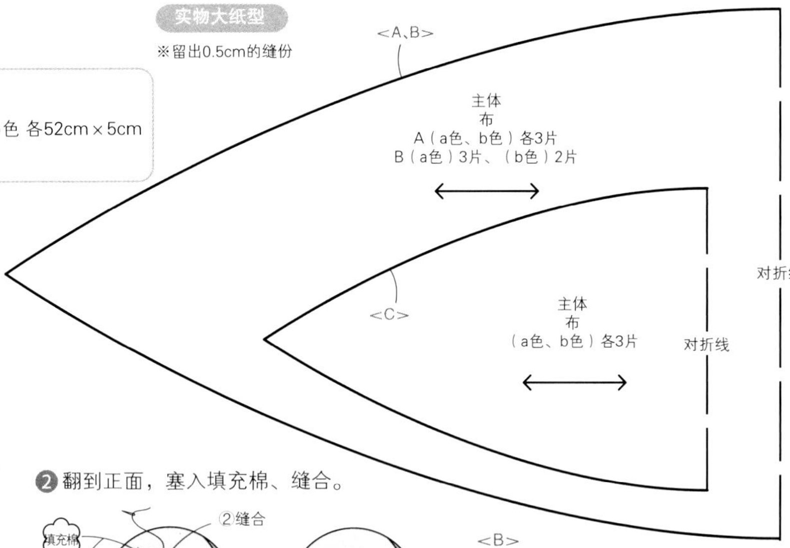

<A、B、C做法相同>

❶ 缝制主体

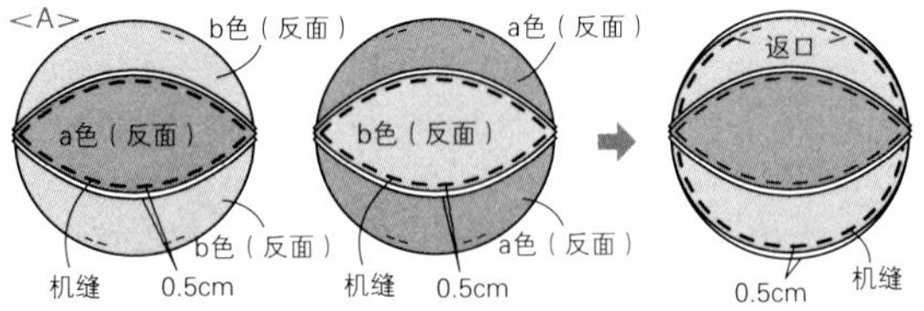

❷ 翻到正面，塞入填充棉、缝合。

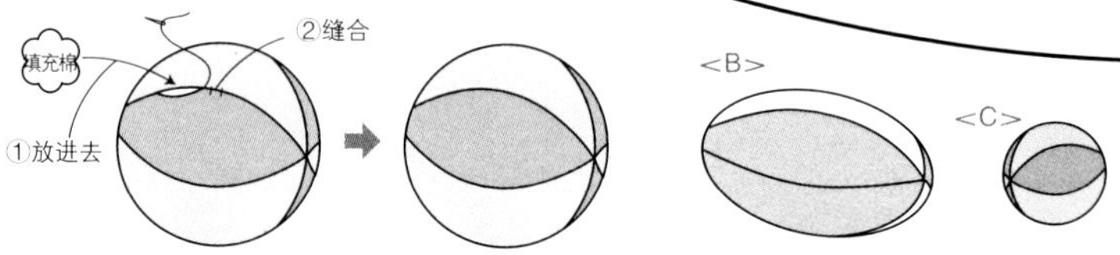

Baby p.9 用牛奶盒做拉伸玩具

材 料

- 牛奶盒（1L） 1个
- 布（亚麻布） 30cm×12cm
- 不织布 主体用 14.5cm×7.5cm
  做花用 适量
- 圆绳 粗0.5cm、长30cm 3根
- 串珠 6颗

❶ 裁剪牛奶盒。

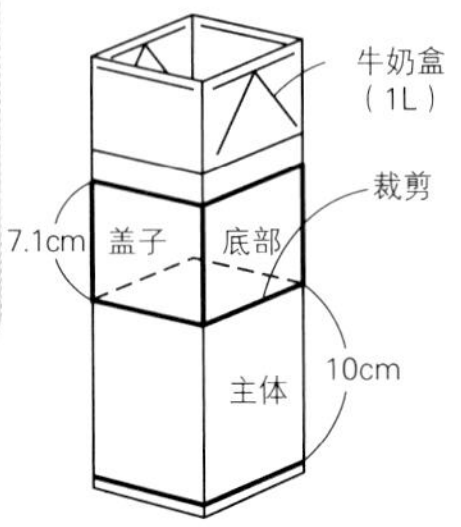

❷ 在主体、盖子、底部打孔。

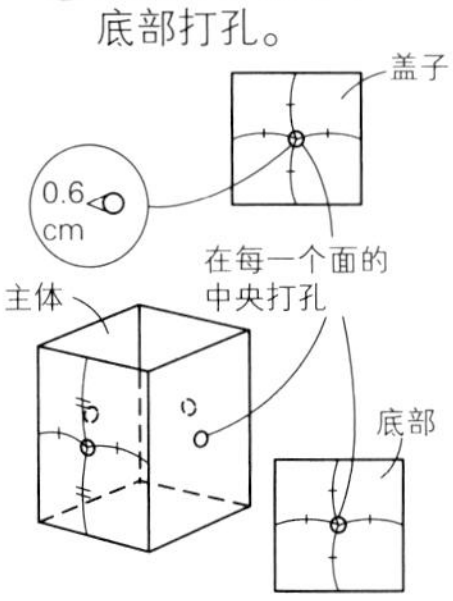

❸ 将圆绳穿过主体。

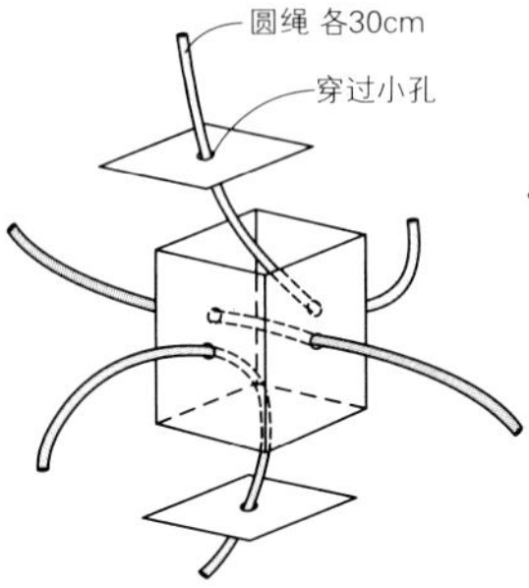

❹ 装上盖子和底部。

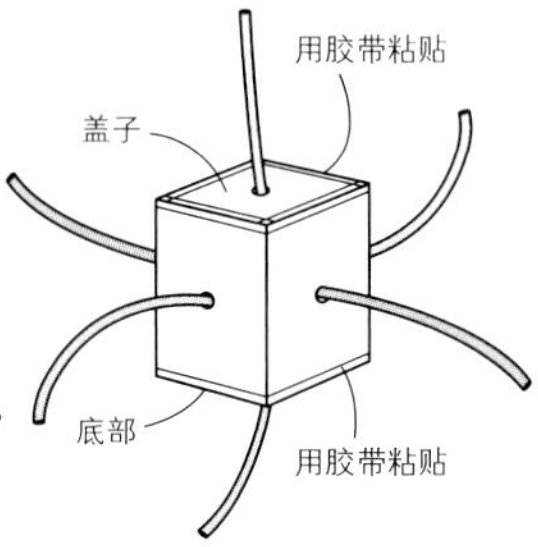

❺ 在四周粘贴布和不织布。

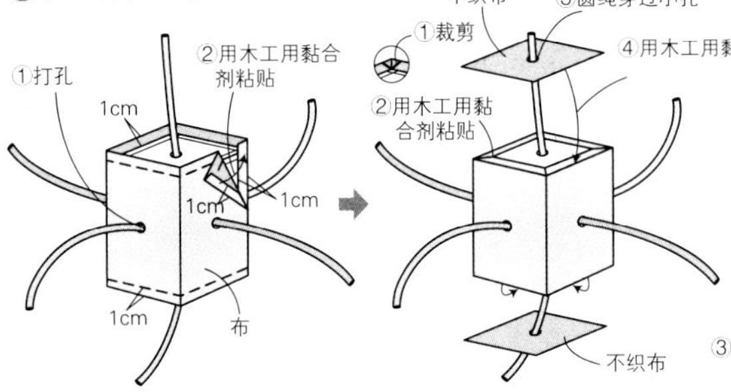

❻ 粘贴花朵图案，穿上串珠固定。

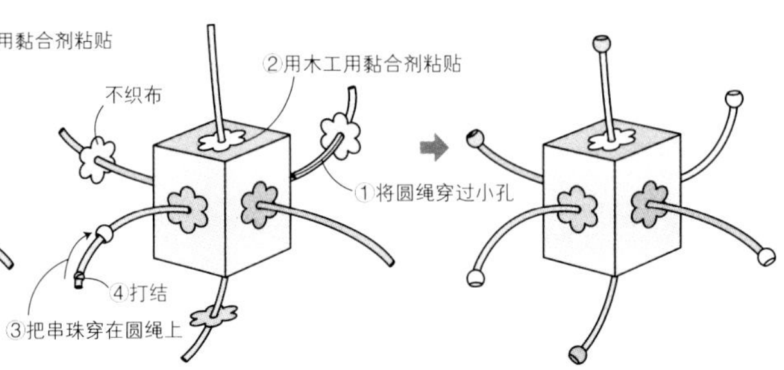

实物大纸型

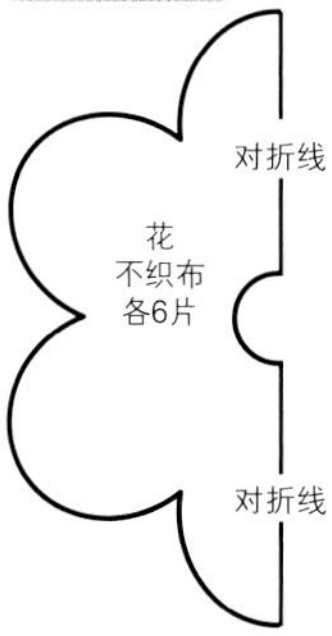

Baby p.10 用奶粉罐玩游戏

材料
- 奶粉罐（大罐） 1个
- 布（纺缝布）58cm×25cm
- 松紧带 白色 18cm
- 不织布 适量
- 25号刺绣线 适量

制作图

*（　）内为缝份

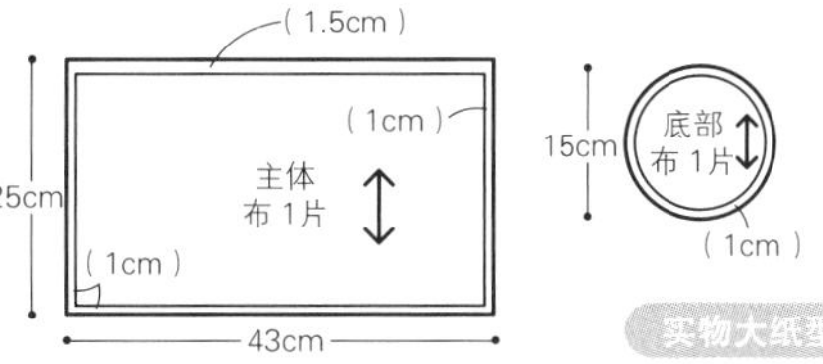

＜本作品中使用的奶粉罐的尺寸＞

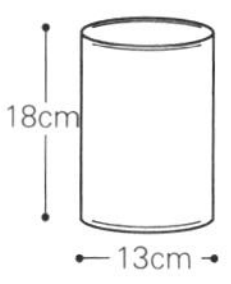

※把奶粉罐剪开后，在开口处包上塑料胶带

实物大纸型

❶ 处理主体和底部的边缘。

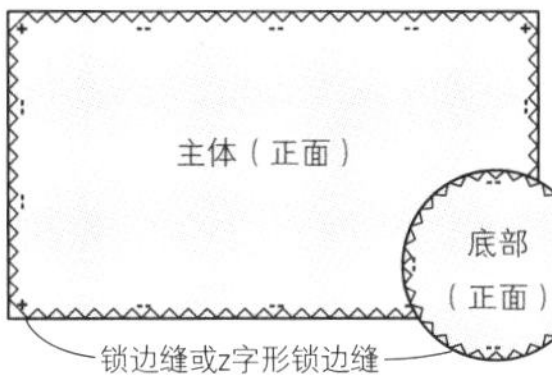

❷ 把主体侧边缝起来。

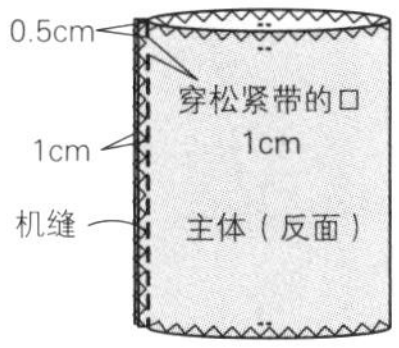

❸ 把主体和底部缝在一起。

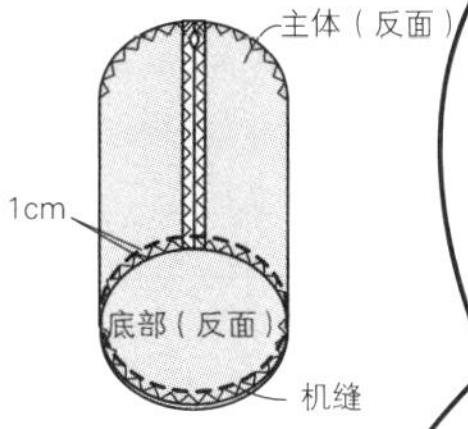

❹ 缝制开口处，做贴布。

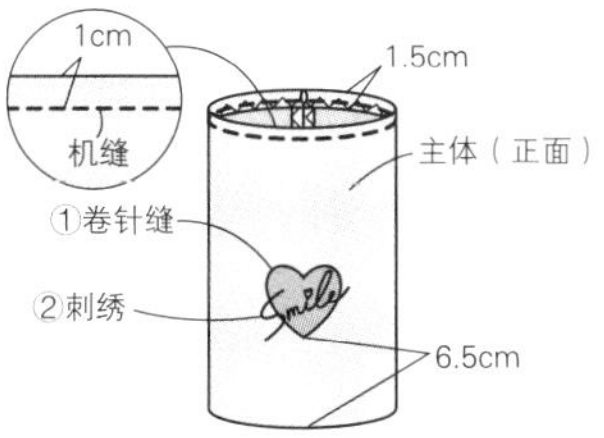

❺ 把奶粉罐放进去，穿入松紧带。

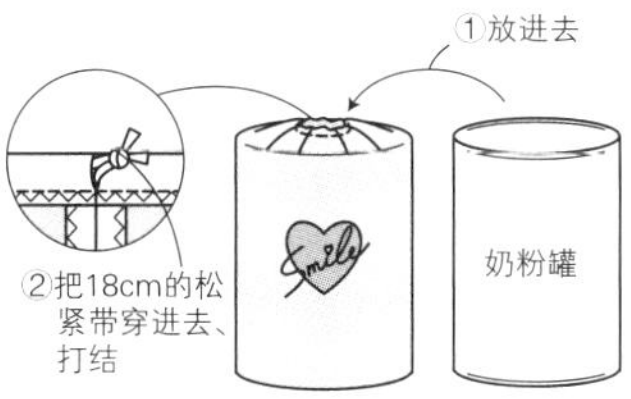

Baby p.11 床挂

材料

＜A＞
- 图画纸 适量
- 彩纸 适量
- 电线 粗0.2cm、长 84cm
- 线 适量

＜B＞
- 图画纸 适量
- 彩纸 适量
- 电线 粗0.3cm、长 70cm
- 线 适量

纸型

*放大150%后使用
*全部使用图画纸或彩纸

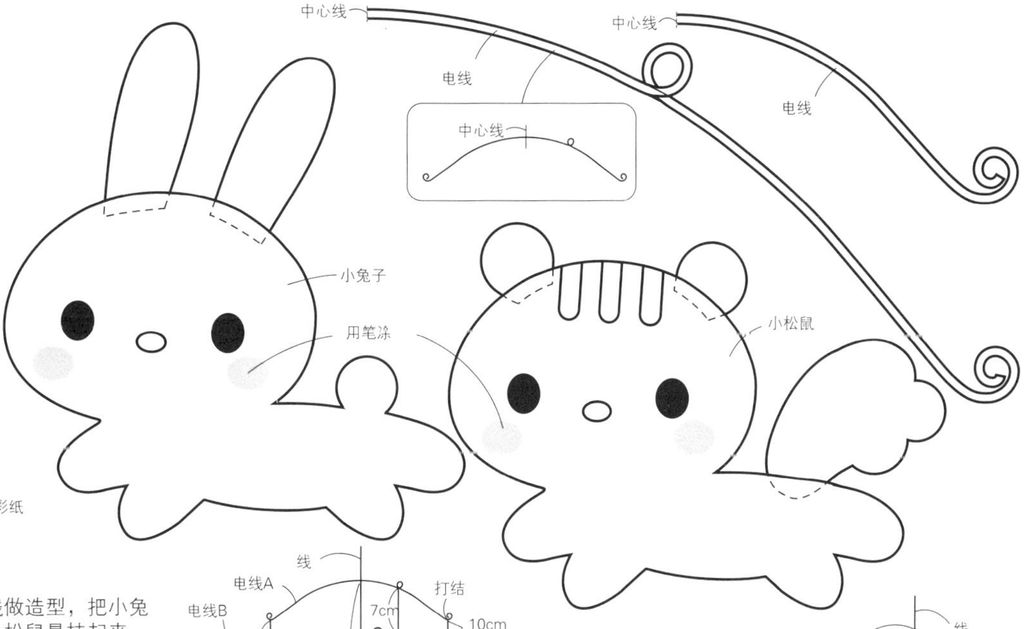

＜A＞

❶ 制作小兔子和小松鼠。

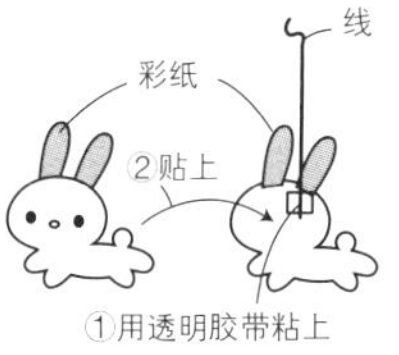

❷ 给电线做造型，把小兔子和小松鼠悬挂起来。

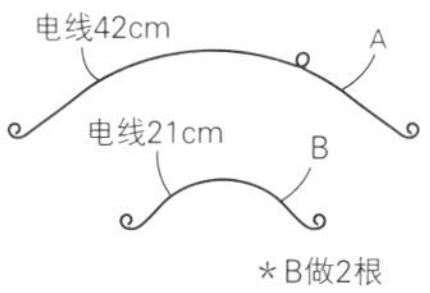

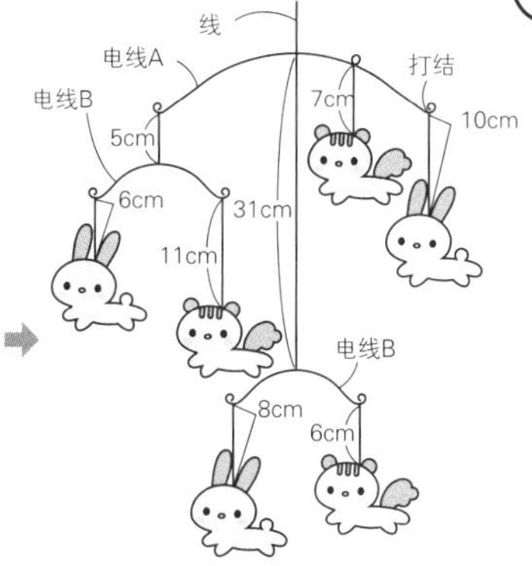

＜B＞

制作小兔子和小松鼠，把电线绕成环形，把小兔子和小松鼠悬挂起来

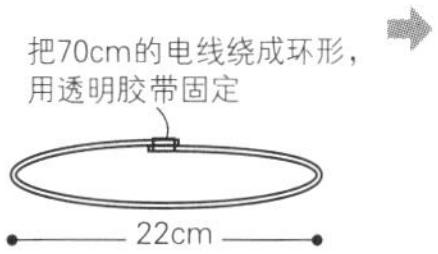

Puppet p.12 用不织布做手指玩偶

材料

- 不织布　小熊用　各9.5cm×7cm
  　　　　指套用　各8cm×6cm
- 25号刺绣线　各适量
- 丝带　0.3cm×20cm

❶ 制作小熊。

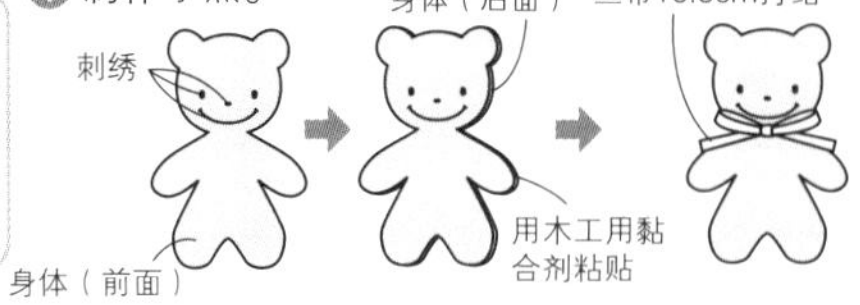

❷ 制作指套。

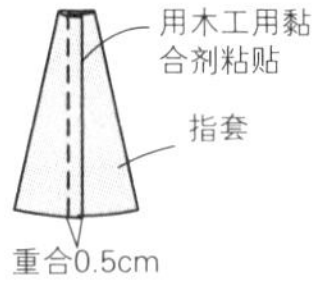

❸ 小熊粘到指套上。

实物大纸型

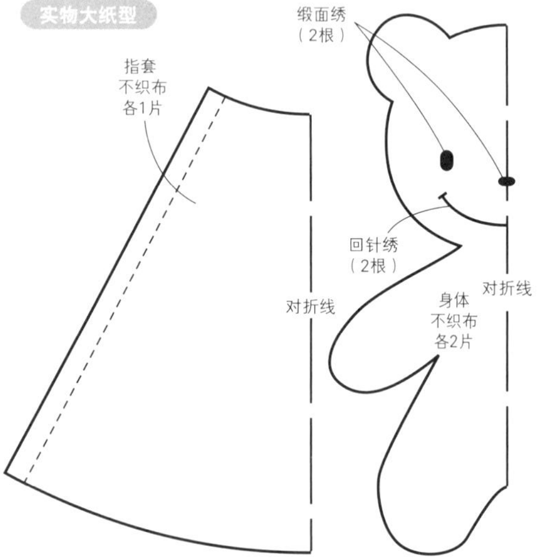

Puppet p.16 手套玩偶

材料

- 布（绗缝布）各43cm×24.5cm
- 可水洗不织布　各适量
- 25号刺绣线　各适量

❶ 制作耳朵。

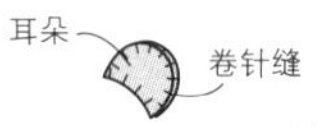

＊制作2个

❷ 把耳朵粘到主体上。

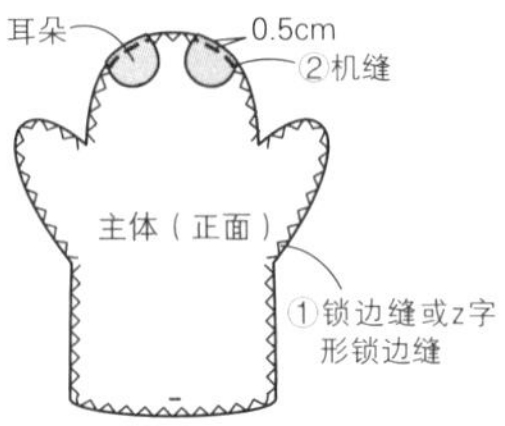

❸ 把主体缝制起来。

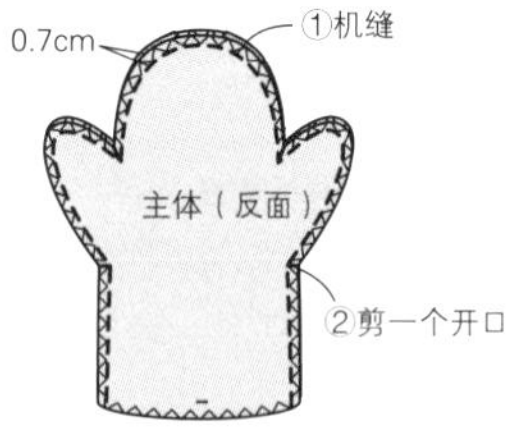

❹ 缝制下端。

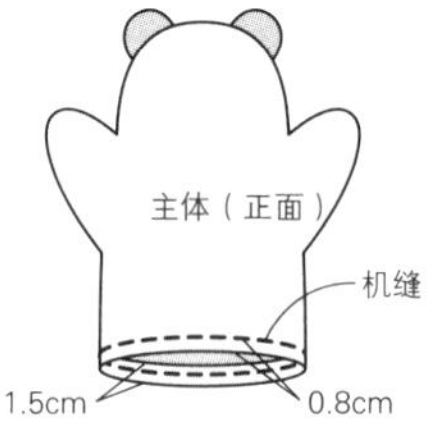

❺ 制作脸部。

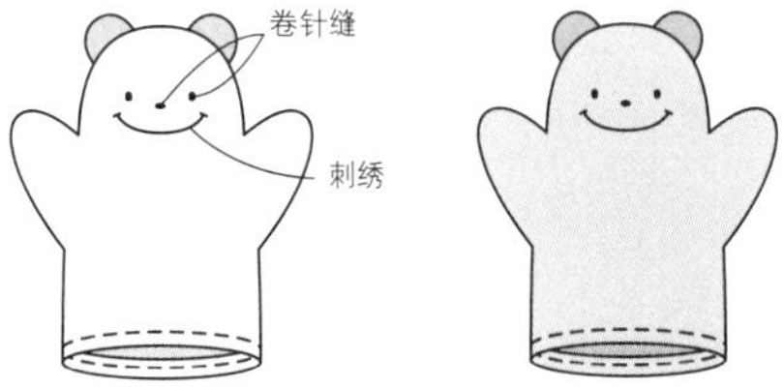

实物大纸型

＊除指定以外，缝份为0.7cm

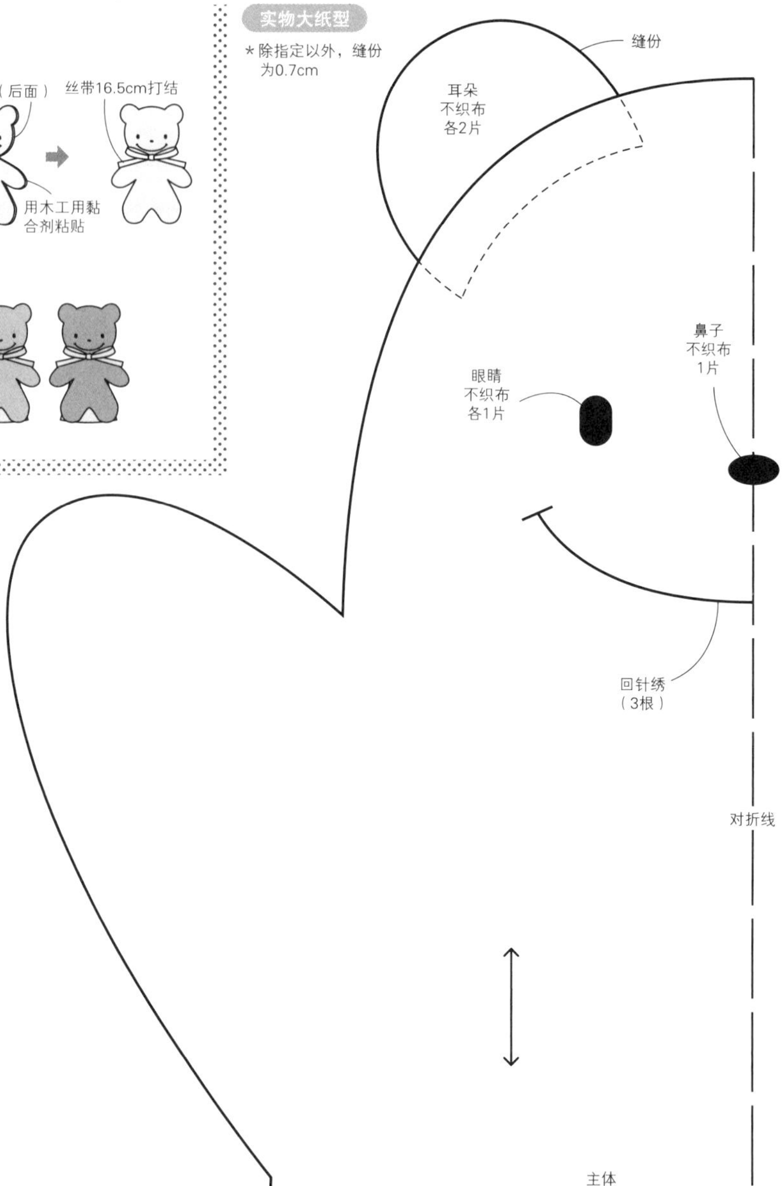

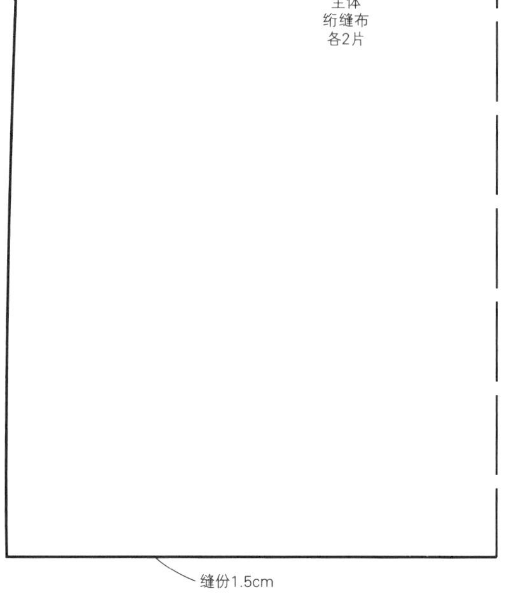

Puppet p.13 纸玩偶

材料

＜鸭妈妈、小鸭子＞
- 图画纸 各适量
- 彩纸 各适量
- 一次性筷子 1双

＜乌龟＞
- 彩纸 适量
- 一次性筷子 1双

纸型

＊放大170%后使用
＊全部使用图画纸或彩纸

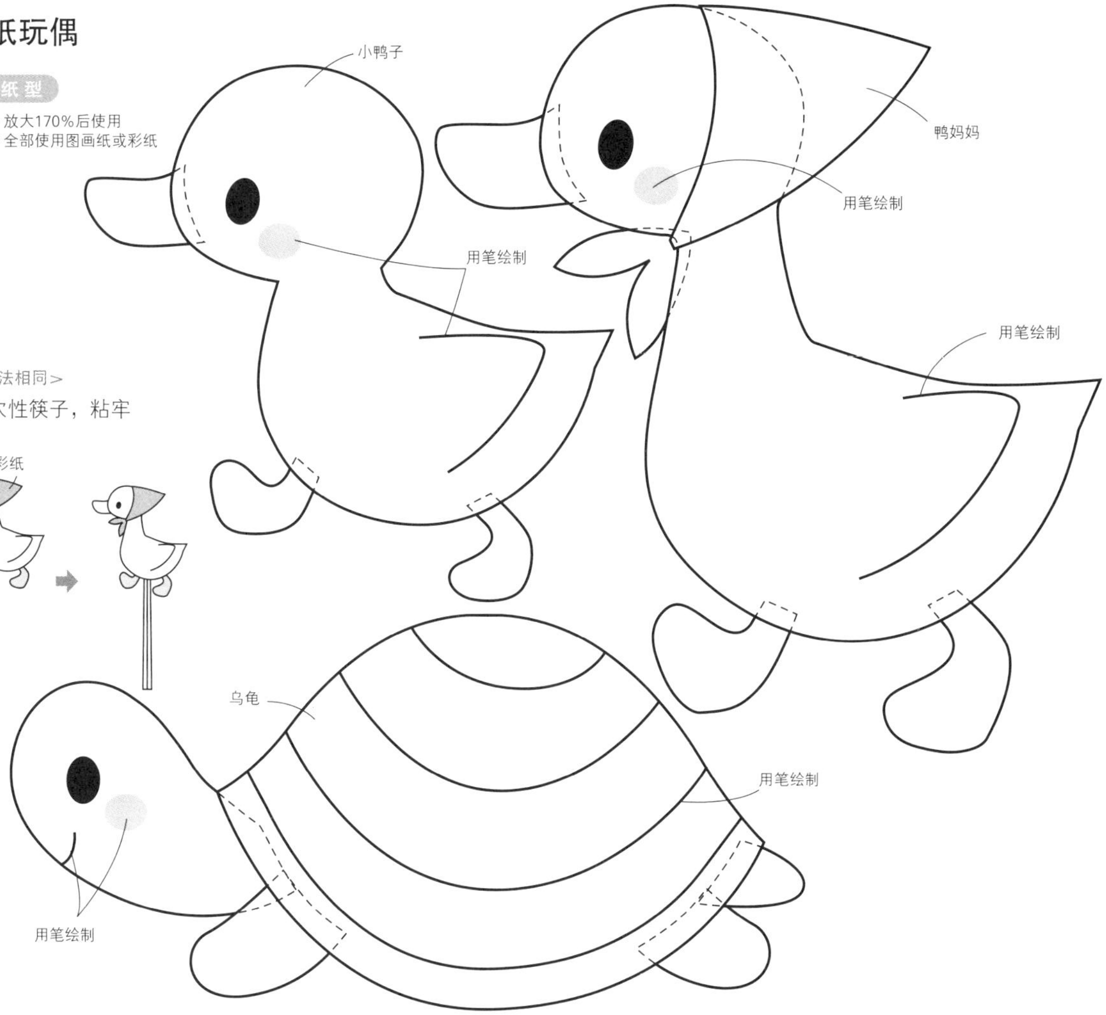

＜鸭妈妈、小鸭子和乌龟的做法相同＞

做2片小鸭子，夹着一次性筷子，粘牢

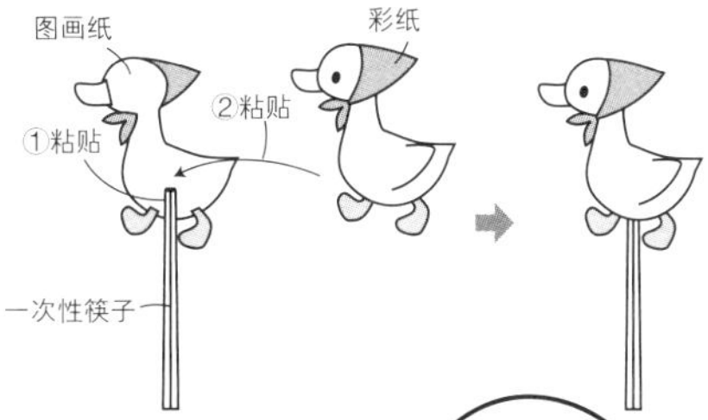

Puppet p.17 海绵玩偶

材料

＜鳄鱼＞
- 海绵 脸部用 2个
  脸上的部件用 适量
- 不织布 6.5cm×3.5cm
- 纽扣 直径1.1cm 2颗

＜小兔子＞
- 海绵 2个
- 不织布 7.5cm×2.5cm
- 纽扣 直径1.1cm 3颗

＜企鹅＞
- 海绵 2个
- 纽扣 直径1.1cm 2颗

＜本作品中使用的海绵的尺寸＞

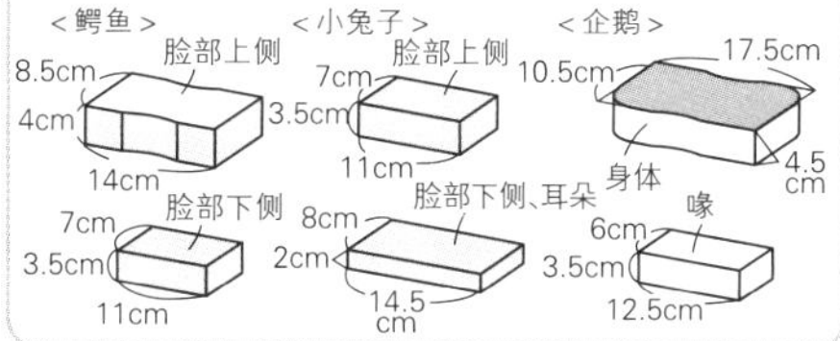

＜鳄鱼＞

1 用海绵制作脸部。

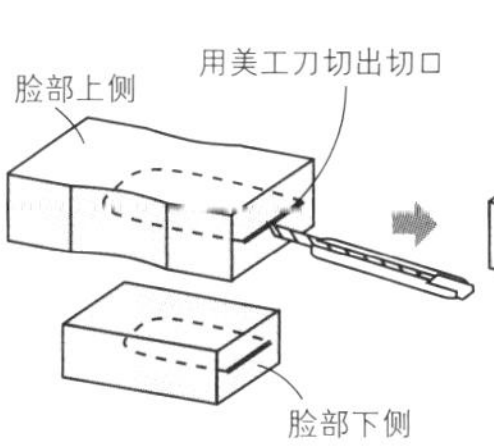

2 剪出眼睛、鼻子、牙齿的形状粘在脸上。

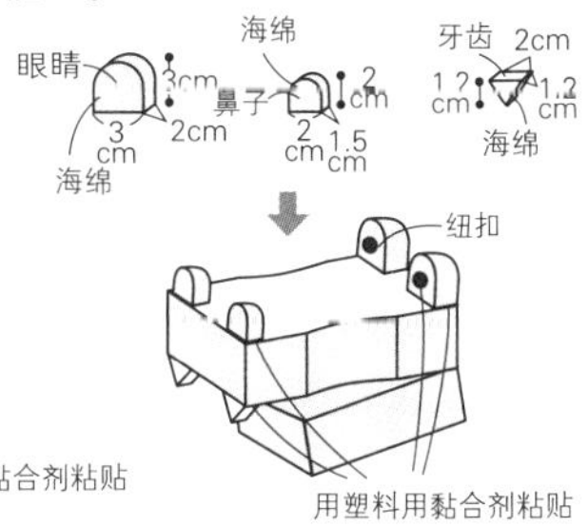

＜小兔子＞

1 用海绵制作脸部。

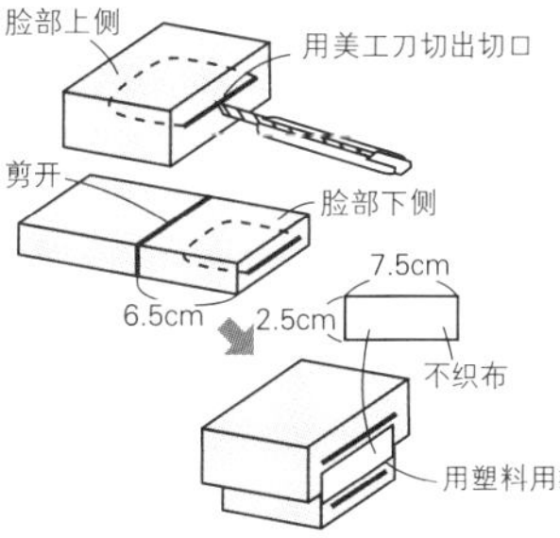

2 剪出眼睛、鼻子、牙齿的形状粘在脸上。

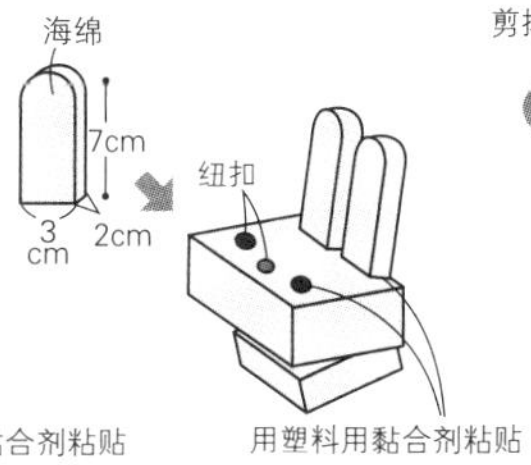

＜企鹅＞

1 用海绵制作身体。

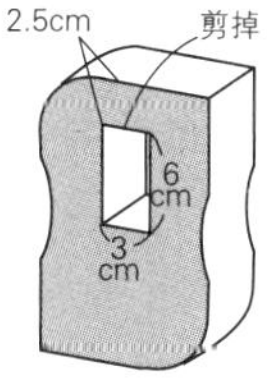

2 用海绵制作喙。

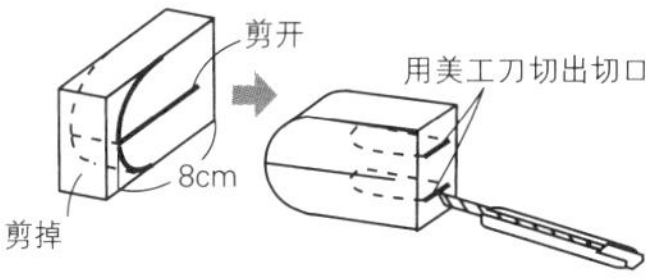

3 将喙和身体粘起来，另外把眼睛也粘起来。

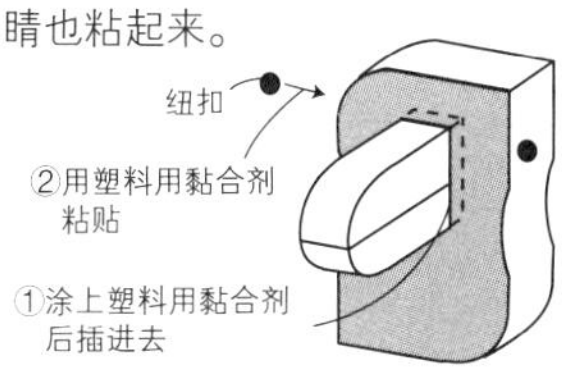

Color p.18 分辨颜色

材料

- 塑料瓶（2L）3个
- 塑料胶带 各适量
- 杂志、广告单上的剪纸画 适量
- 硬纸板 适量

❶ 剪开塑料瓶。

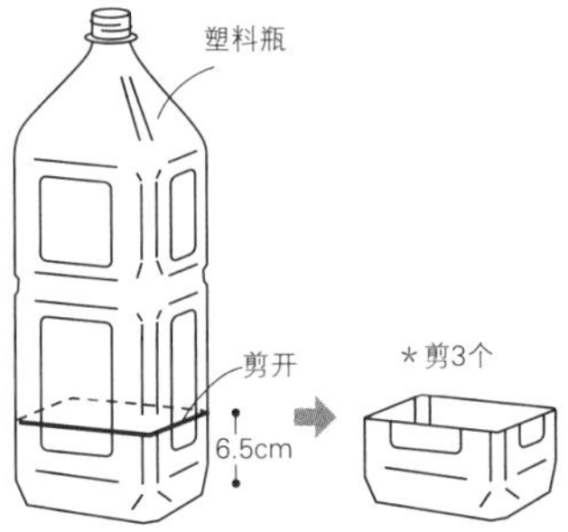

❷ 开口处用塑料胶带包起来。

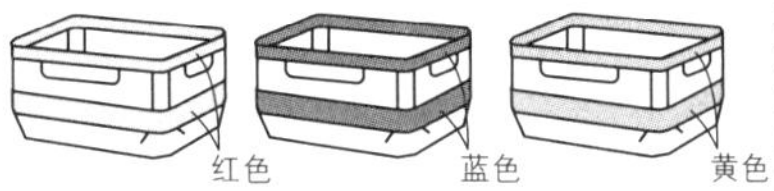

❸ 剪纸画。

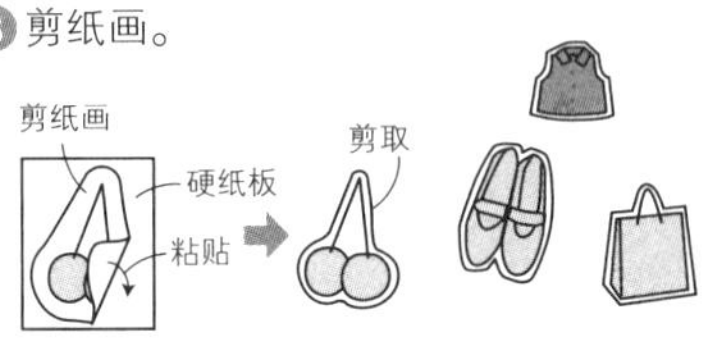

Color p.19 不织布串串乐

材料

- 不织布 红色、蓝色、黄色 各20cm×20cm
  白色 20cm×10cm
- 25号刺绣线 适量
- 圆绳 粗0.3cm、长45cm
- 填充棉 适量
- 硬纸板 15cm×10cm

❶ 制作圆形A和正方形A。

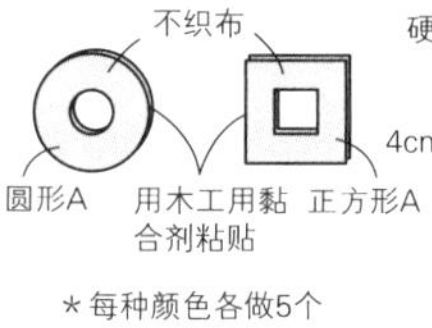

❷ 制作骰子。

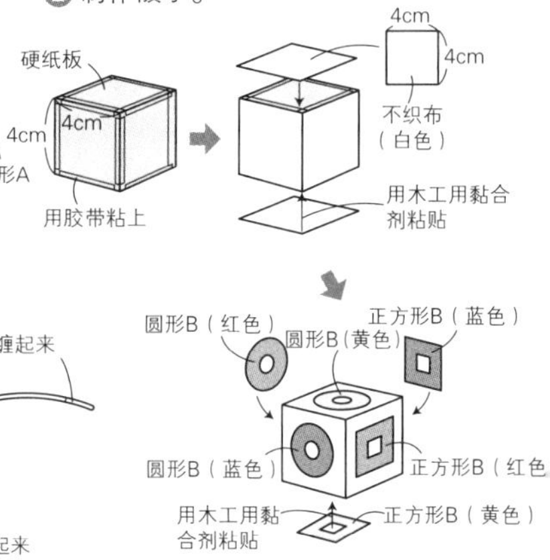

❸ 做绳子。

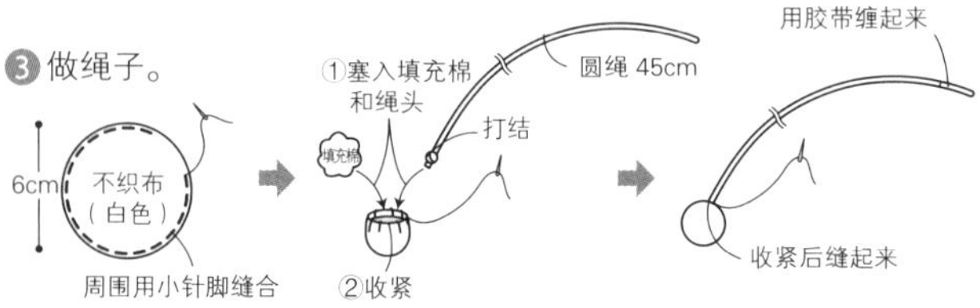

❹ 完成。

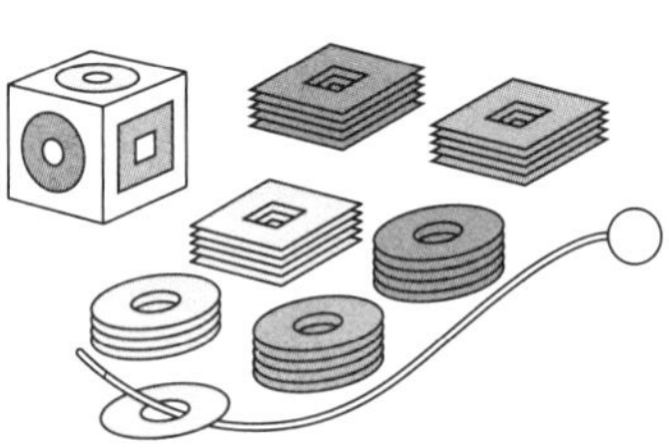

实物大纸型

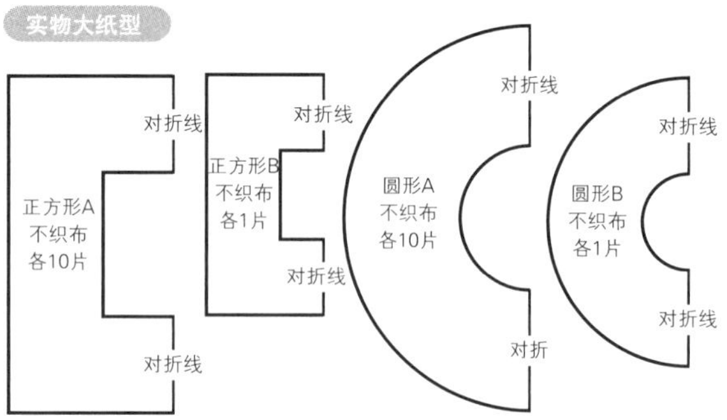

Color p.20 认识颜色

＊纸型参见p.117

材料

- 图画纸 26cm×19cm 11张
- 彩纸 适量
- 圆绳 粗0.5cm、长60cm
- 杂志、广告单 适量

❶ 制作封面。

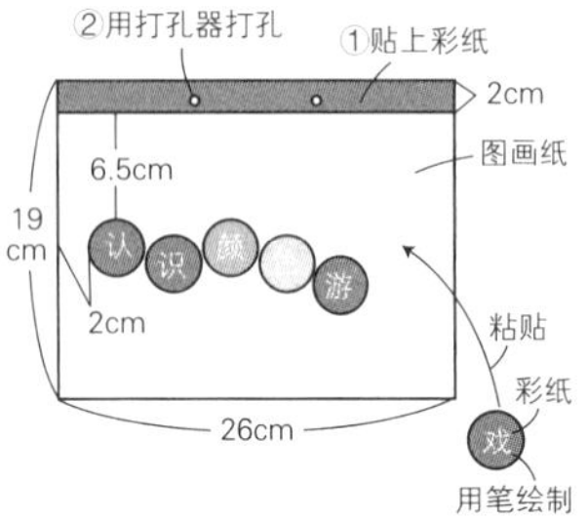

❷ 制作内页。

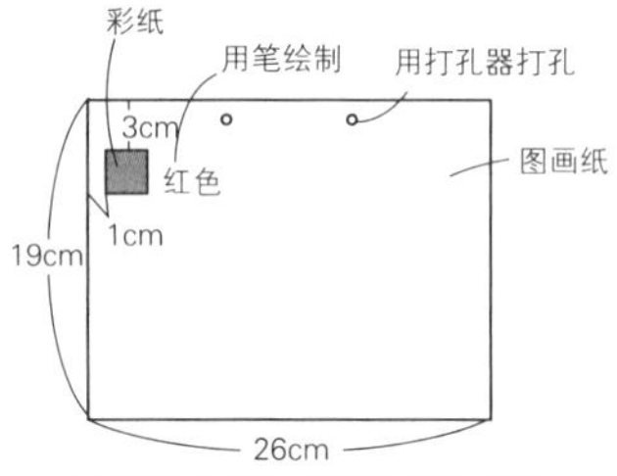

＊另外做出黄色、粉红色、蓝色、紫色、茶色、绿色、白色、橘色、黑色等

❸ 将封面和内页穿在一起。

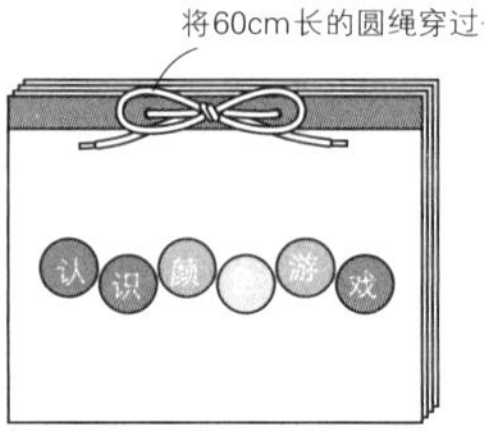

❹ 做剪纸画。

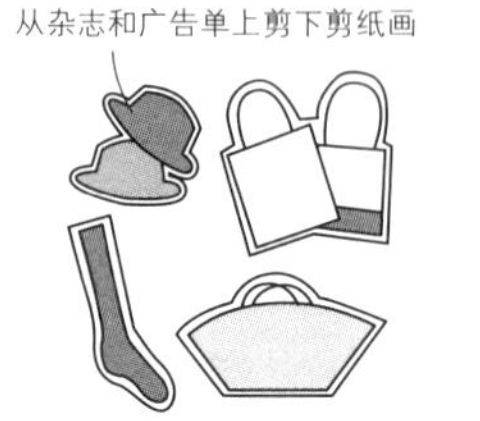

Color p.21 投彩色扭扭棒

材料

- 零食盒子 1个
- 彩纸 适量
- 硬纸板 19.5cm×14cm
- 彩色扭扭棒 适量

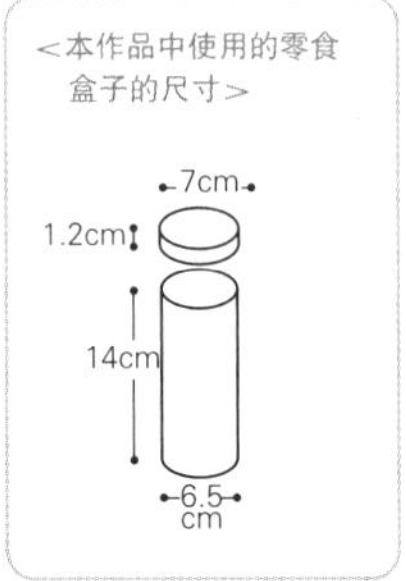

❶ 制作主体。

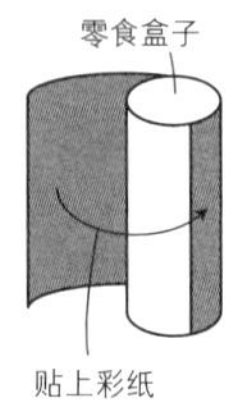

❷ 做好隔板后放进主体内。

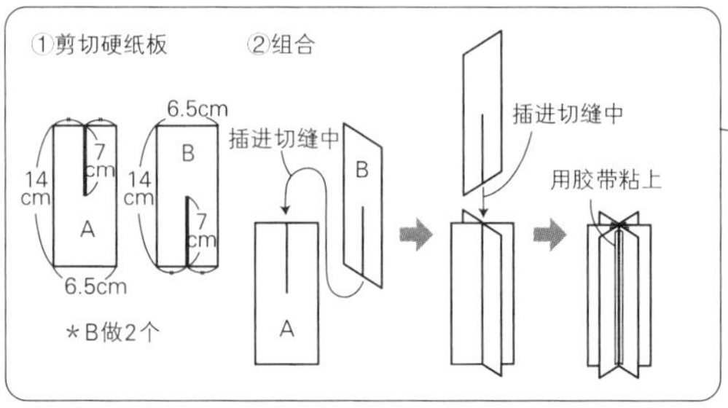

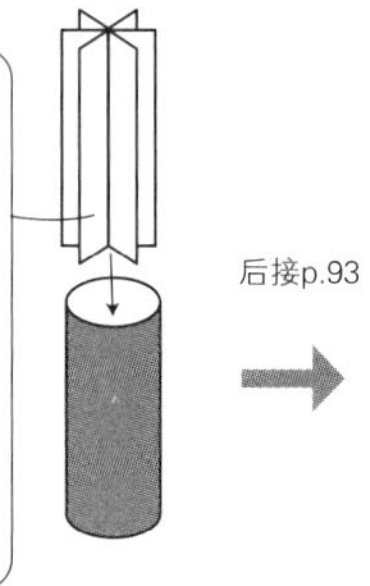

后接p.93

Color p.22 多色玩具

风车

材料

- 双面折纸 各1张
- 彩纸 各30cm×10cm
- 牙签 各1个
- 塑料胶带 各2cm×5cm
- 串珠（6mm）各1颗

❶ 制作风车棒。

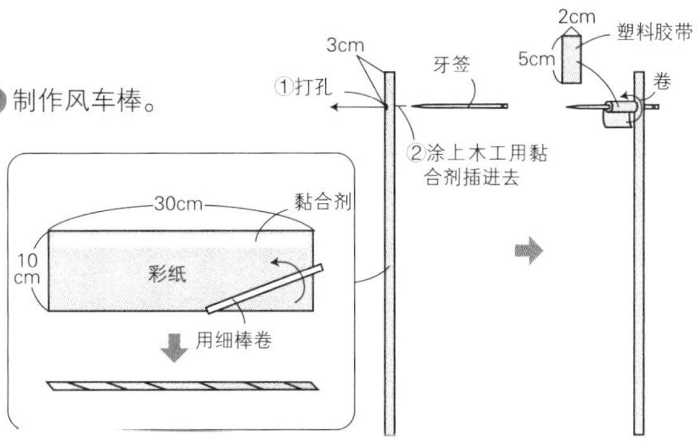

❷ 制作风车轮子。

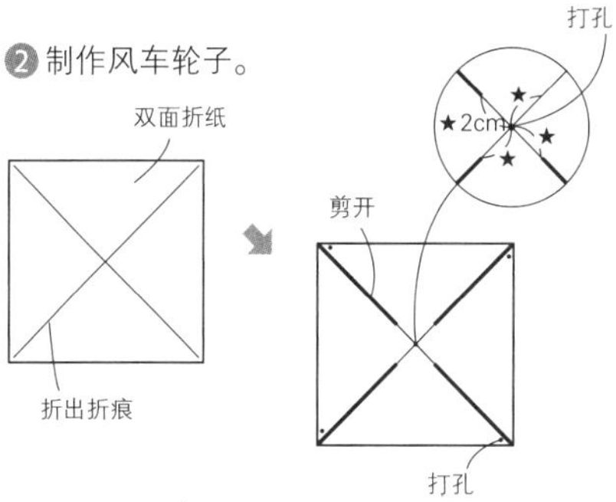

❸ 把风车轮子装在风车棒上。

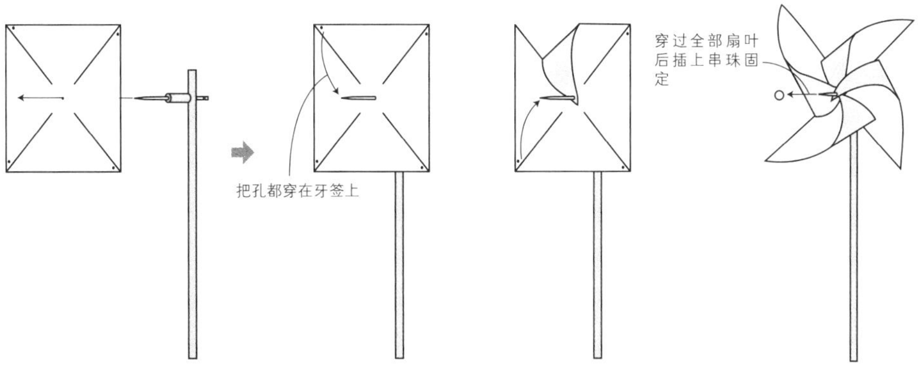

Color p.22 多色玩具

陀螺飞轮

材料

- 牛奶盒（1L）1个
- 风筝线 90cm
- 各种折纸 各适量

<A、B、C做法相同>

❶ 制作主体。

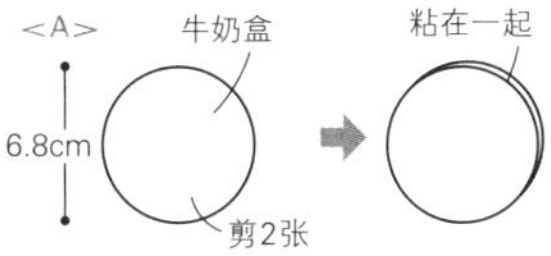

❷ 在主体上画出图案。

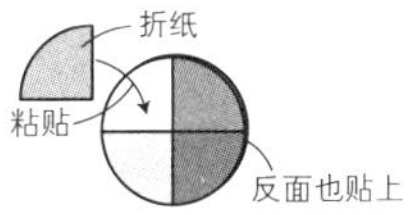

❸ 打孔。

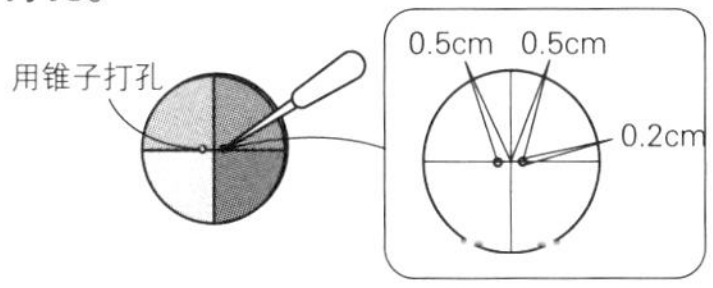

❹ 将风筝线穿过去。

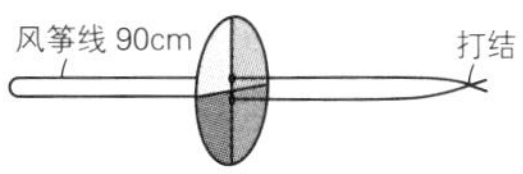

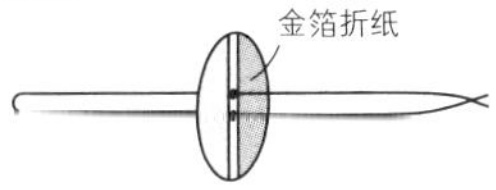

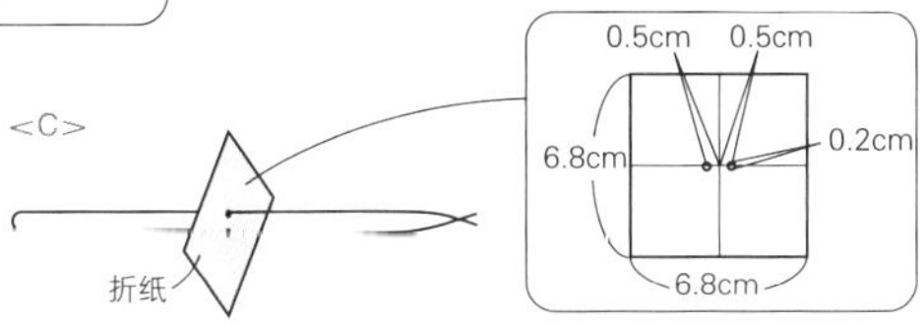

接p.92

❸ 制作盖子。

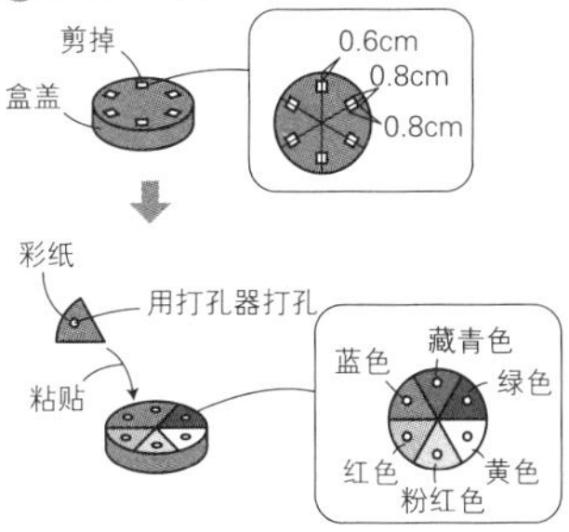

❹ 在主体上画出图案。

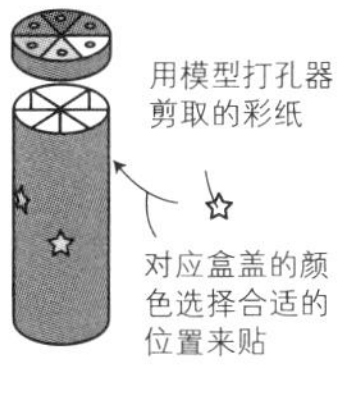

❺ 剪彩色扭扭棒。

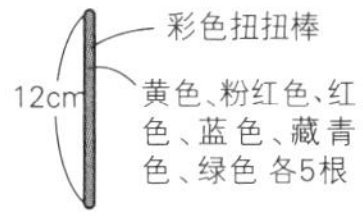

Color p.23 会变色的水

材料

- 塑料瓶（500mL）1个
- 圆绳 粗0.5cm 各20cm

剪开塑料瓶和圆绳。

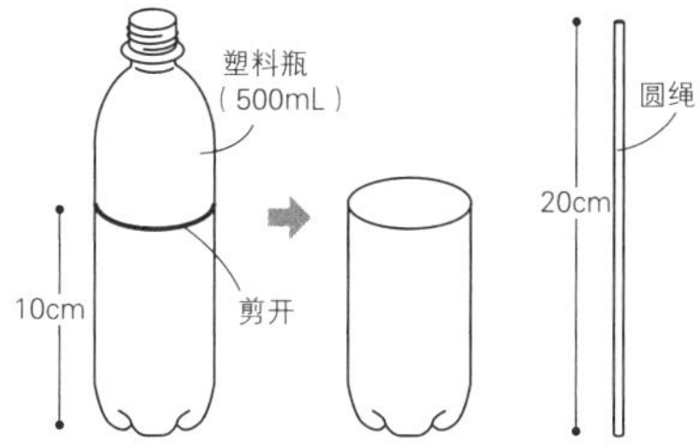

Shape p.24 形状拼图

材料

- 瓦楞纸 适量
- 彩纸 适量

把彩纸贴在瓦楞纸上

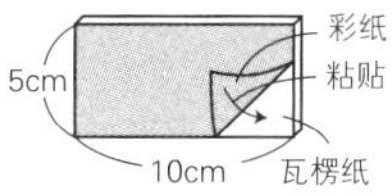

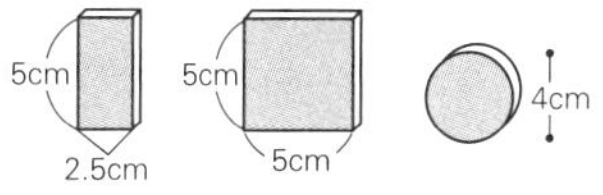

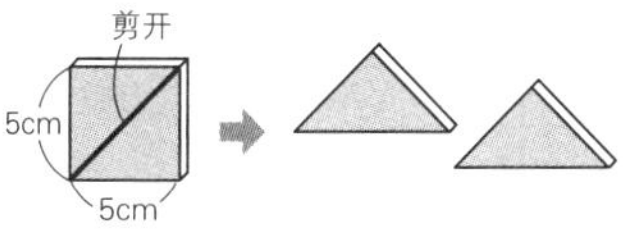

Shape p.25 瓦楞纸形状配对玩具

材料

- 瓦楞纸 0.5cm厚
  主体用 48cm×36cm
  模块用 32cm×16cm
- 彩纸
  主体用 18cm×18cm
  模块用 适量
- 布艺胶带 适量

❶ 裁剪主体用瓦楞纸。

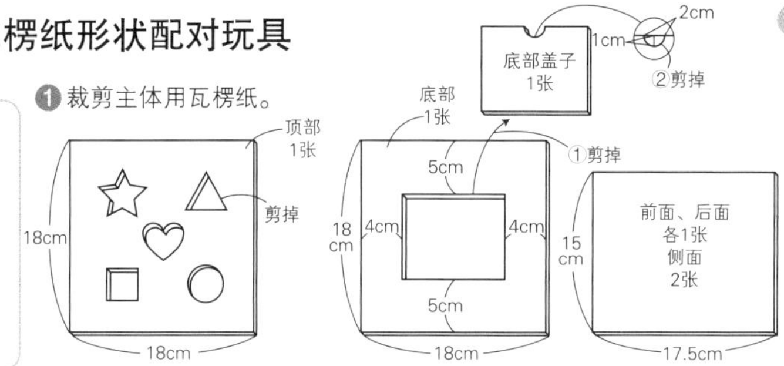

实物大纸型

❷ 组合主体。

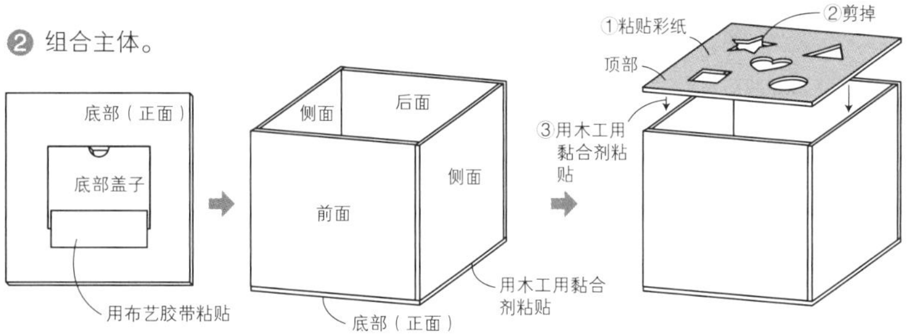

❸ 在主体上粘贴布艺胶带。

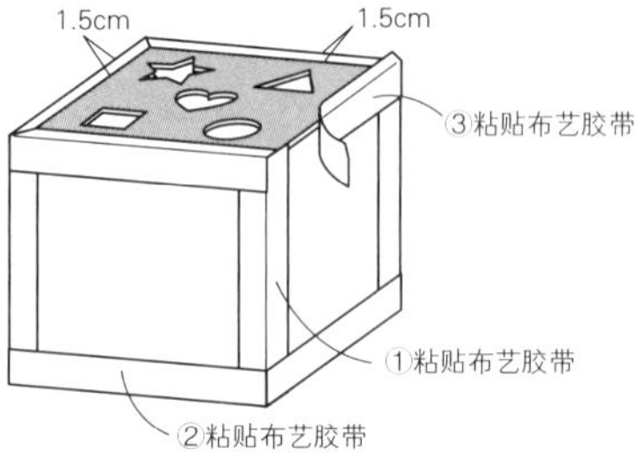

❹ 制作模块。

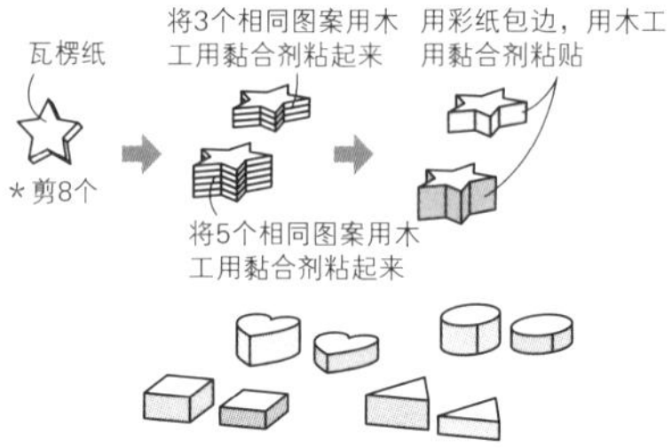

Shape p.26 牛奶盒旋转拼图

实物大纸型

＊全部用1张彩纸粘贴

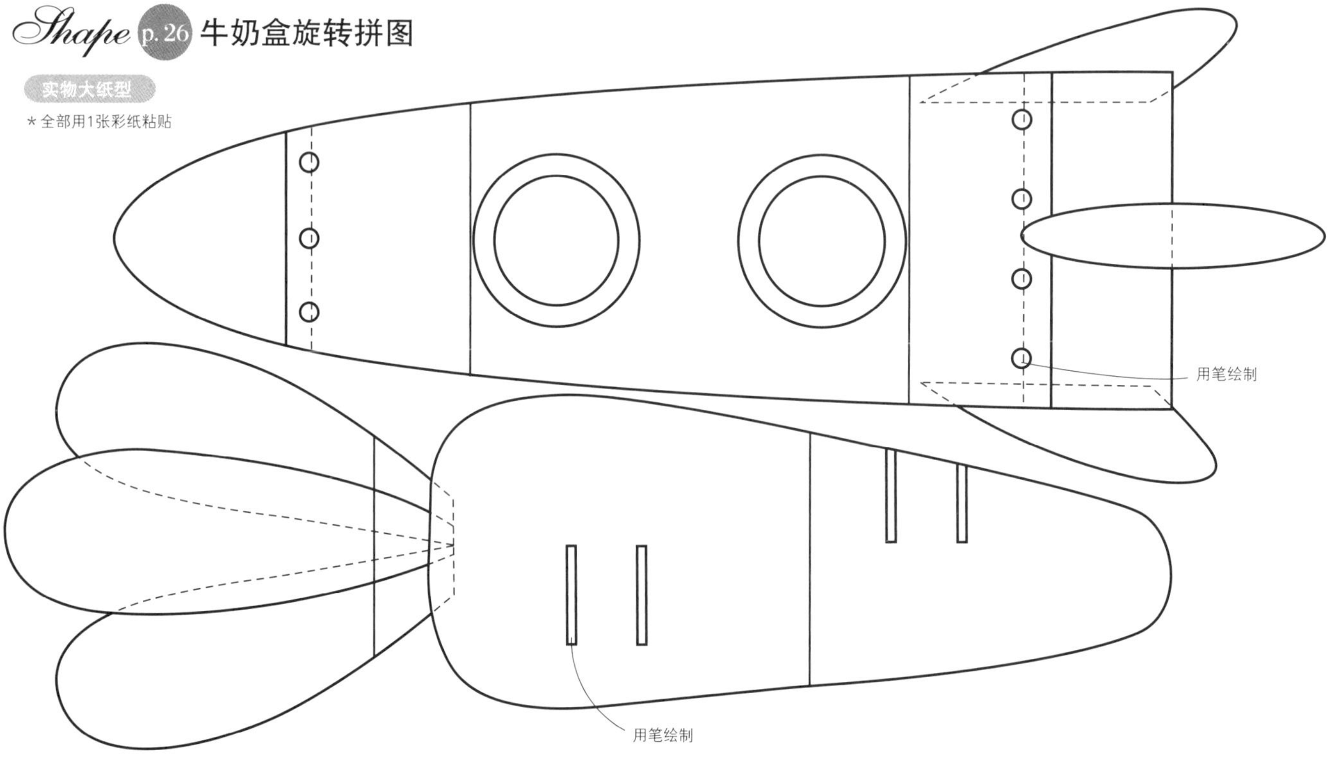

Shape p.28 不织布曲奇

材料

- 不织布 20cm正方形 3块
- 小圆珠 适量
- 大圆珠 适量

实物大纸型

＊除指定以外，全都用不织布

❶ 从主体上裁出模型。

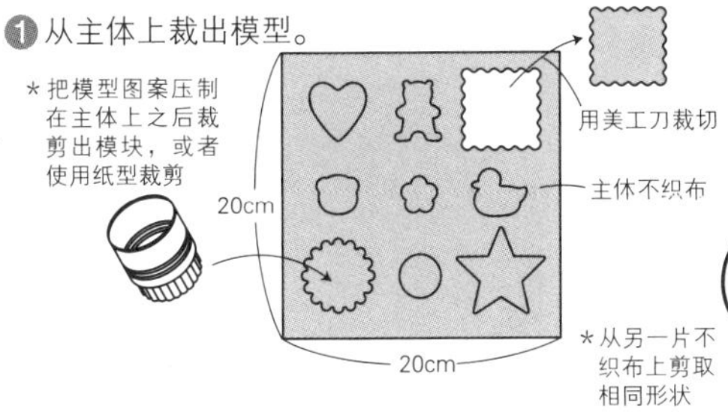

❷ 在主体上粘贴底座。

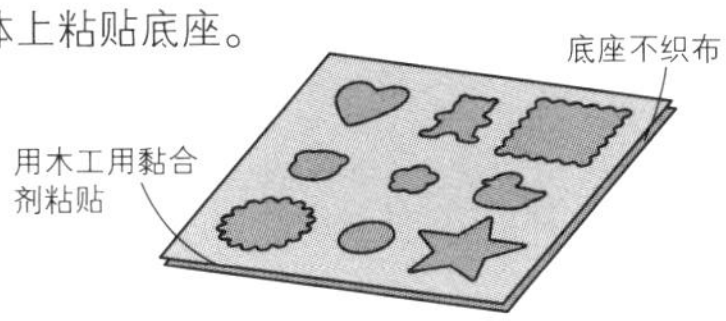

❸ 制作小玩具。

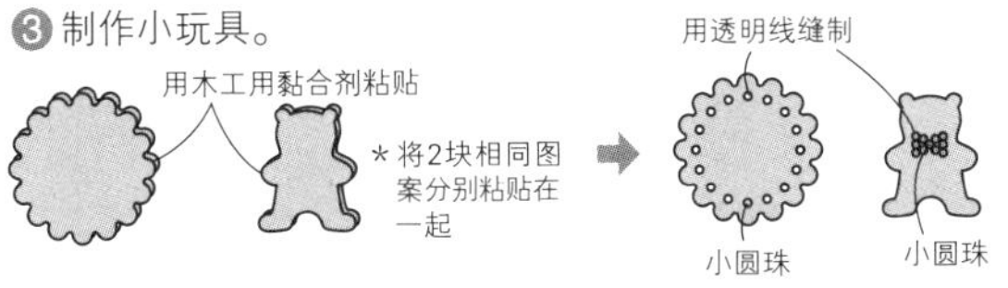

Shape p.29 拼图

材料

- 瓦楞纸 各11cm×11cm
- 彩纸 底座用 各11cm×11cm
  其他用 适量
- 图画纸 各适量

❶ 瓦楞纸上粘贴彩纸，之后再粘贴图案。

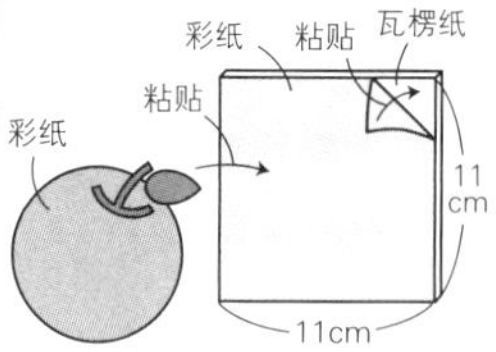

❷ 对半剪开。

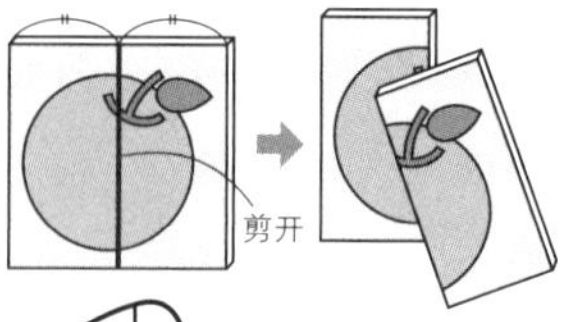

纸型

* 放大150%后使用
* 全部使用1张彩纸或图画纸

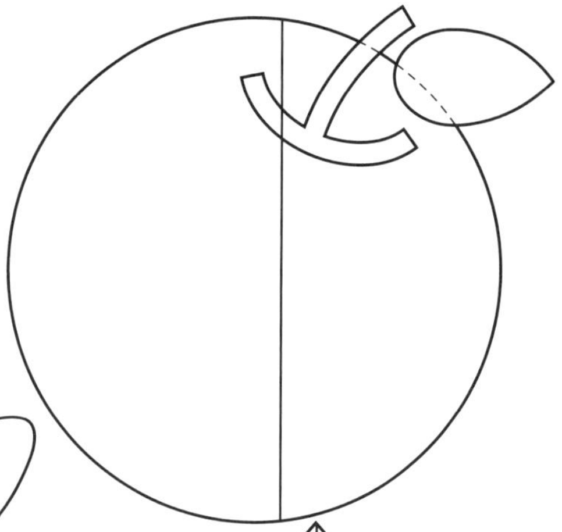

Fingers p.30 用晾衣夹做小动物

材料

<鳄鱼>
- 晾衣夹 6cm 5个
- 彩纸 适量
- 硬纸板 适量

<小狗>
- 晾衣夹 6cm 4个
- 彩纸 适量
- 硬纸板 适量

<长颈鹿>
- 晾衣夹 8cm 4个
- 彩纸 适量
- 硬纸板 适量

<马>
- 晾衣夹 5.5cm 4个
- 彩纸 适量
- 图画纸 适量
- 硬纸板 适量

<鳄鱼、小狗、长颈鹿、马通用>

首先制作头部、身体等部位，再用晾衣夹组合起来

<鳄鱼>

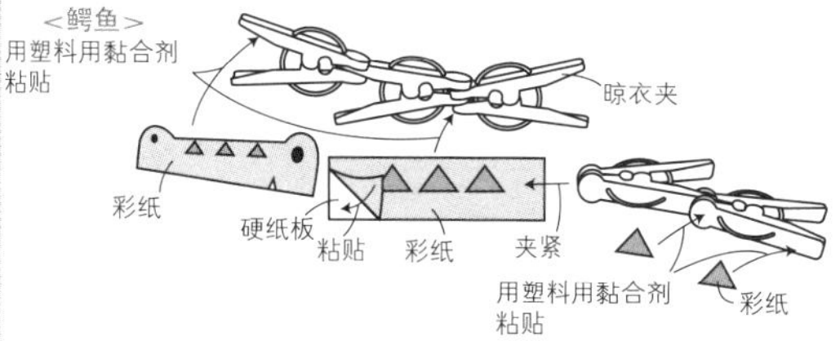

<小狗>

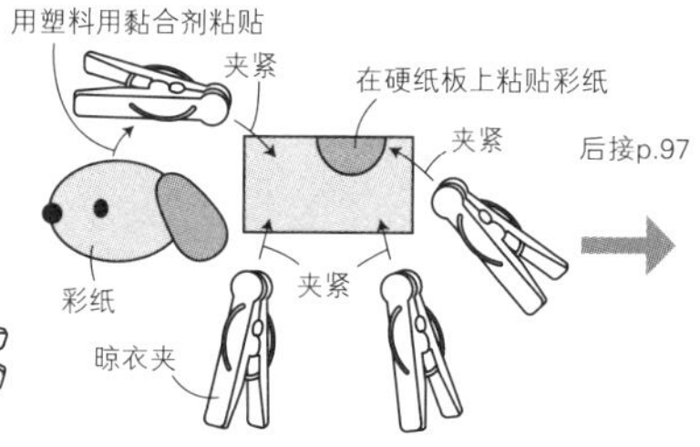

后接p.97

Fingers p.31 魔术贴苹果树

材料

- 不织布 树冠用20cm正方形 2块
  树干、果柄用20cm正方形 1块
  苹果用20cm 1块
- 25号刺绣线 适量
- 魔术贴 2.5cm宽 5cm

1 制作苹果。

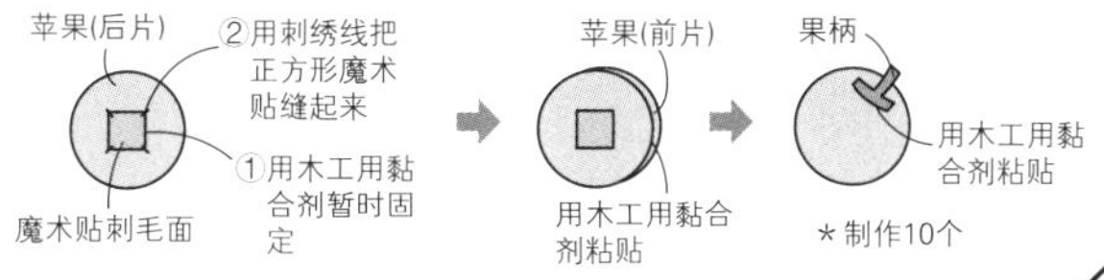

2 制作树冠。

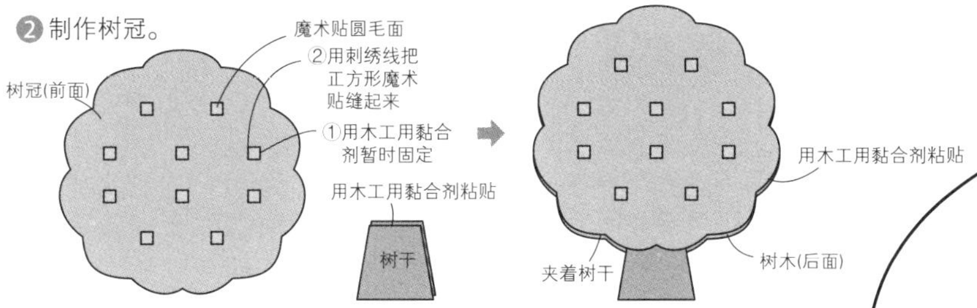

纸型

*放大160%后使用
*全部使用1张彩纸或图画纸

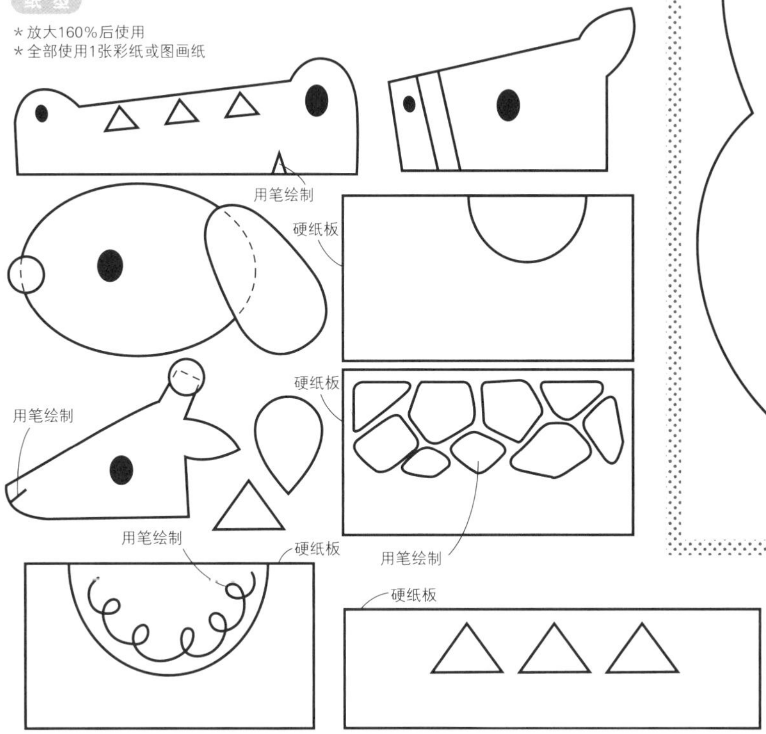

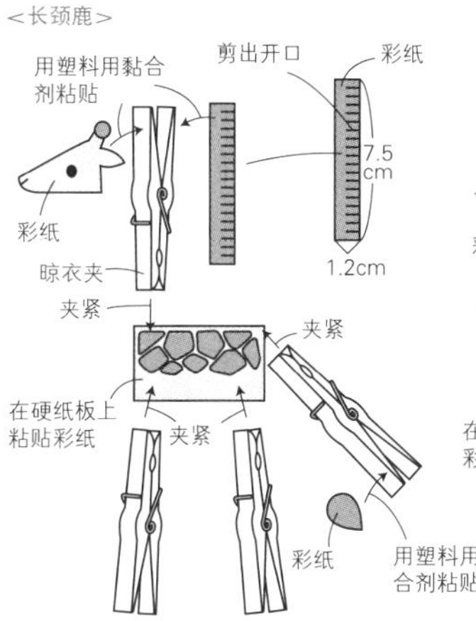

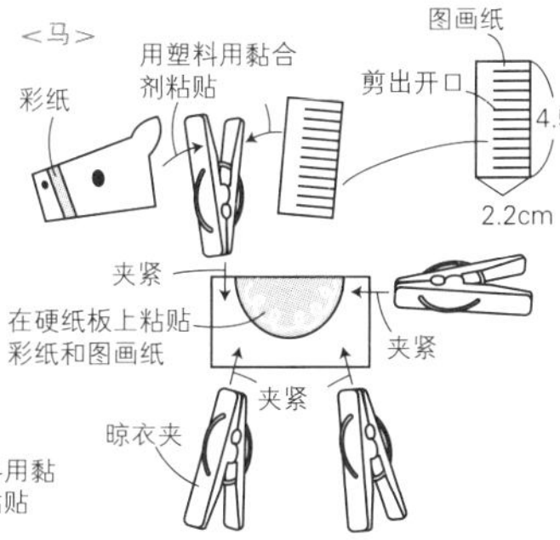

接p.96

纸型

*放大120%后使用

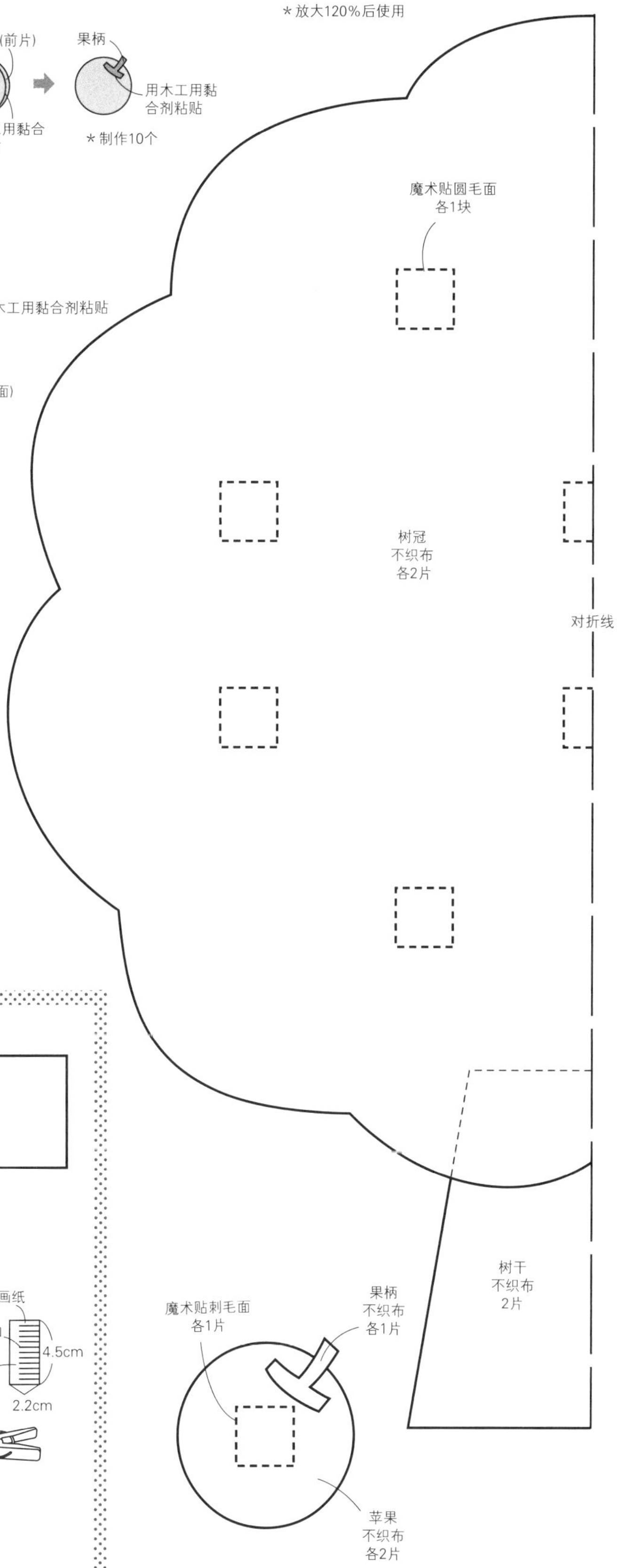

Fingers p.32 用按扣连接毛毛虫的身体

材料

- 不织布 头部用 16.5cm×8.5cm
  身体用 各13cm×6.5cm
  其他部位 适量
- 25号刺绣线 适量
- 按扣 直径1.5cm 10对

❶ 制作触角。

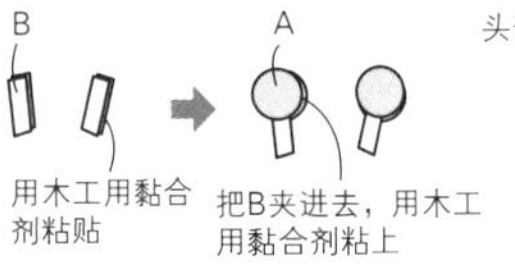

❷ 制作头部。

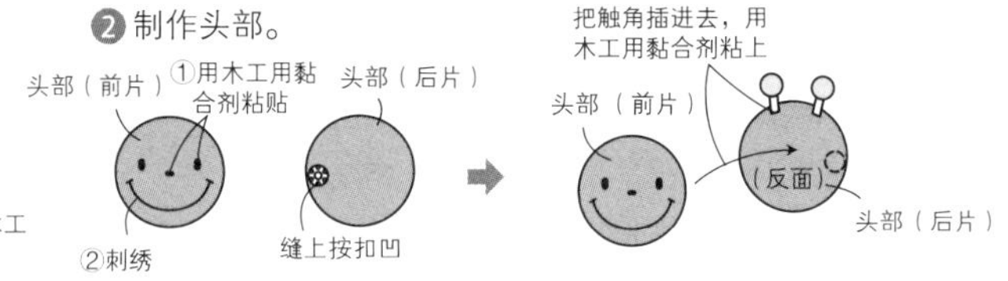

❸ 制作身体。

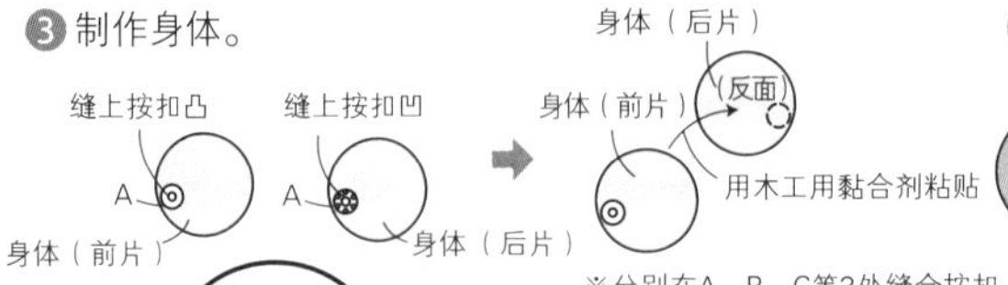

※分别在A、B、C等3处缝合按扣

❹ 完成

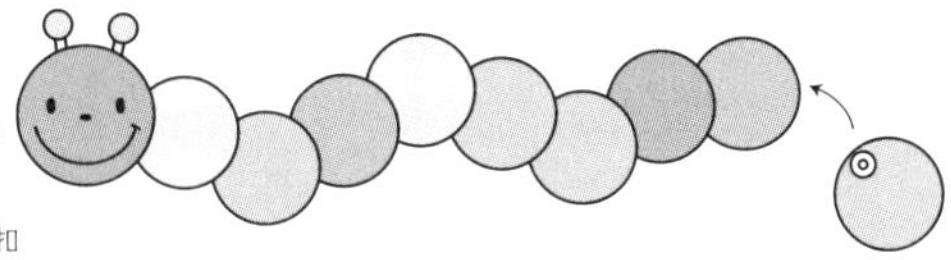

实物大纸型

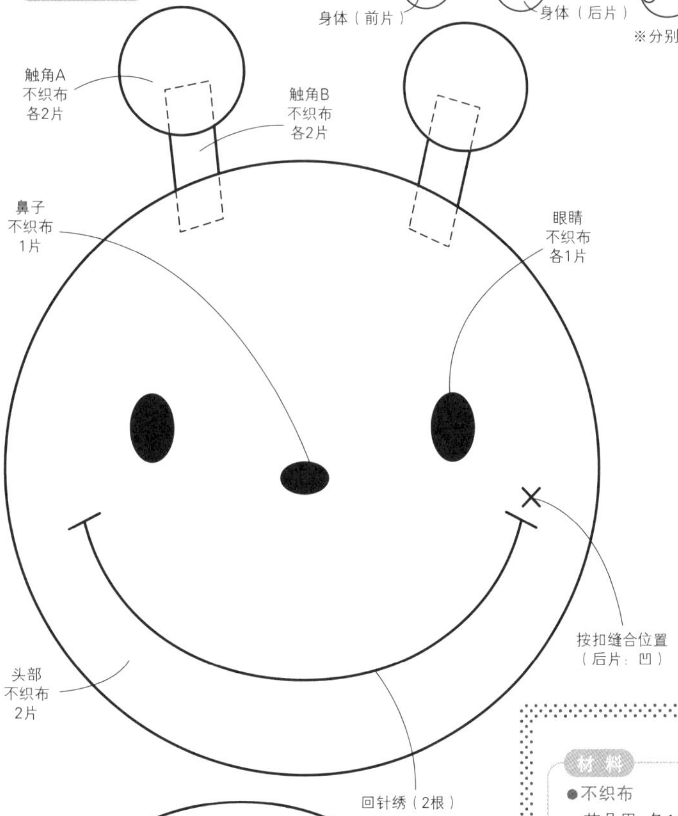

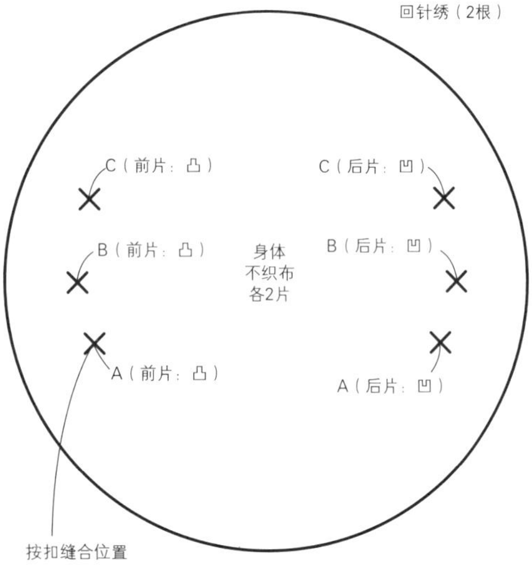

Fingers p.33 用纽扣做花串

实物大纸型

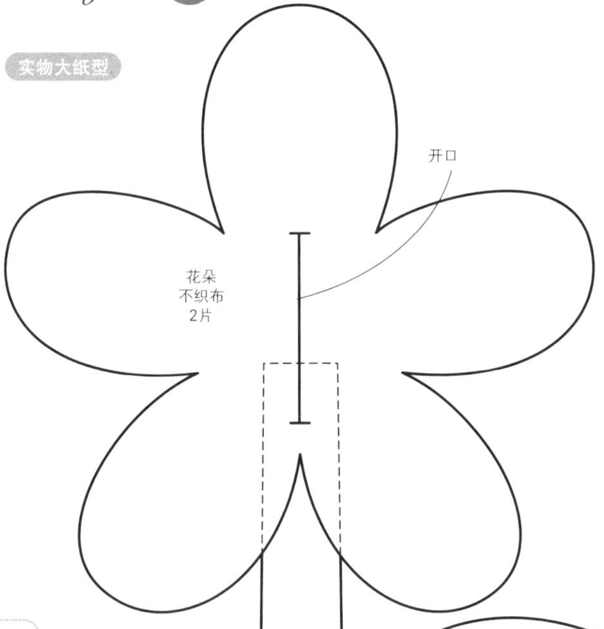
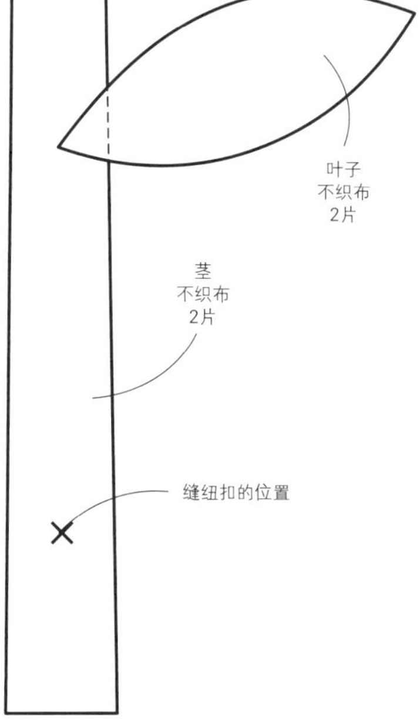

材料

- 不织布
  花朵用 各16cm×8cm
  其他部位 适量
- 25号刺绣线 适量
- 纽扣 直径1.8cm 10颗

❶ 制作茎部。

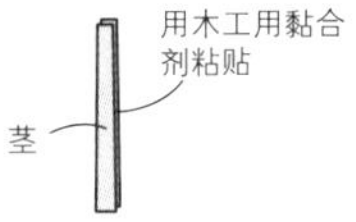

❷ 在茎部贴上花朵和叶子。

❸ 花芯处剪一个开口、茎部缝上纽扣。

❹ 做10个，完成。

Fingers p.34 穿绳画

材料

<孔雀>
- 硬纸板 20cm×18cm
- 不织布 底座用 20cm×18cm
  孔雀用 适量
- 圆绳 粗0.5cm、长125cm

<电车>
- 硬纸板 26.5cm×15cm
- 不织布 底座用 26.5cm×15cm
  电车用 适量
- 圆绳 粗0.5cm、长85cm

<孔雀>

❶做出孔雀形状，贴在硬纸板上，打孔。

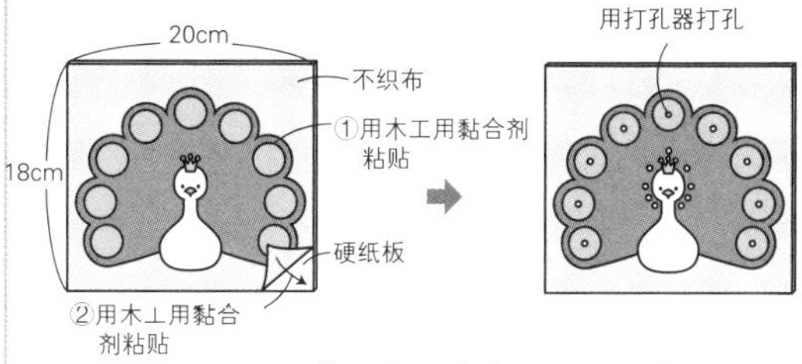

❷圆绳两端缠上透明胶带。

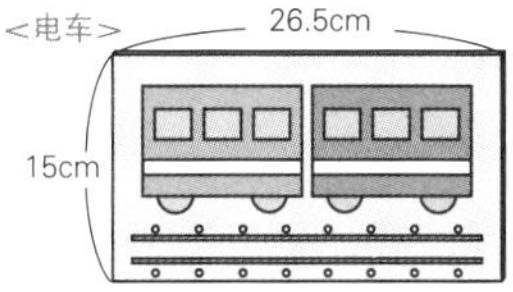

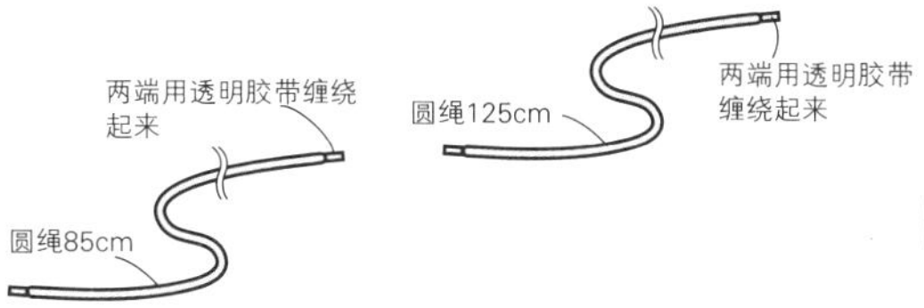

纸型

＊放大130%后使用
＊全部使用1片不织布

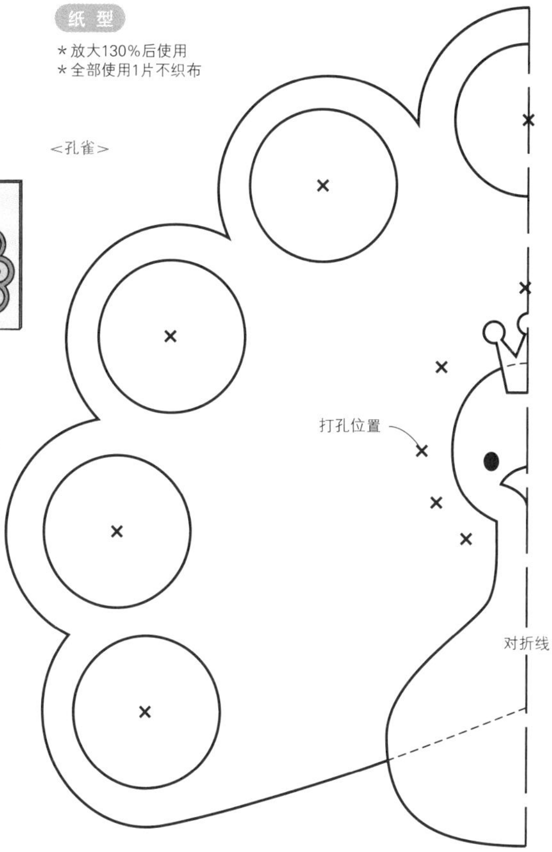

Fingers p.35 练习穿鞋带

材料

- 硬纸板 20cm×18cm
- 彩纸
  底座用 20cm×18cm
  鞋子用 适量
- 图画纸 适量
- 圆绳 粗0.3cm、长140cm

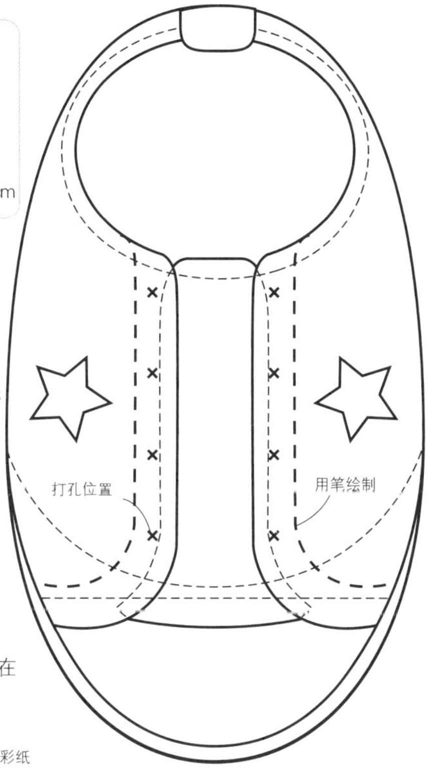

纸型

＊放大150%后使用
＊全部使用1张彩纸或图画纸

❶做出鞋子形状，贴在硬纸板上，打孔。

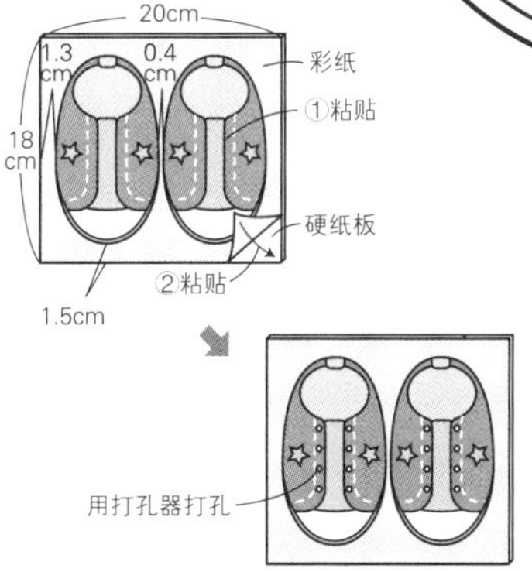

❷圆绳两端缠上透明胶带。

<电车>

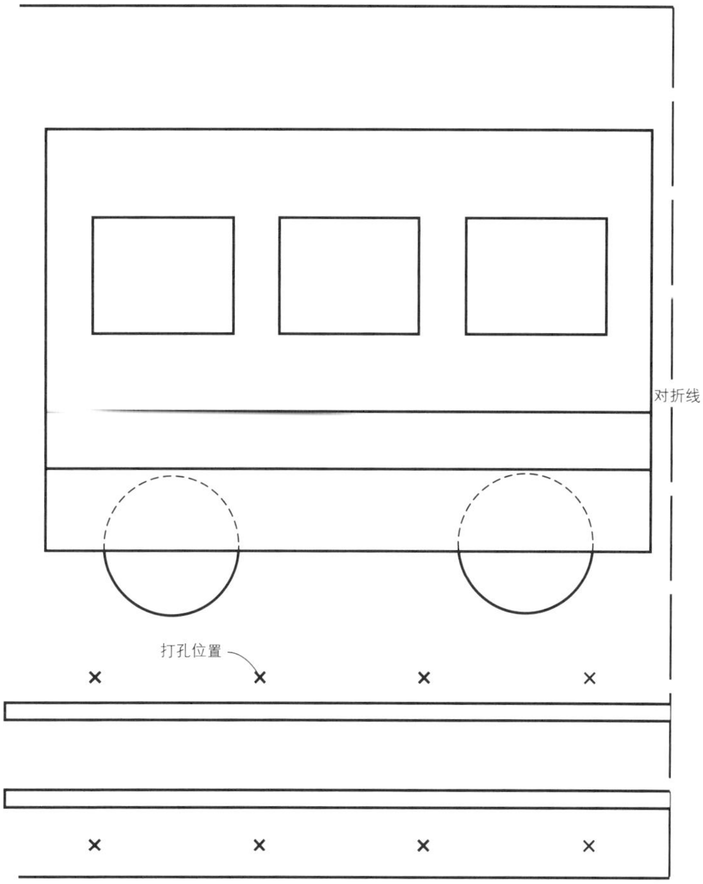

Social Life p.36 学会使用筷子

材料

- 瓦楞纸 盘子用 22.5cm×22.5cm
  其他 适量
- 硬纸板 22.5cm×22.5cm
- 彩纸 适量
- 图画纸 盘子用22.5cm×22.5cm
  其他部位 适量

❶ 制作盘子。

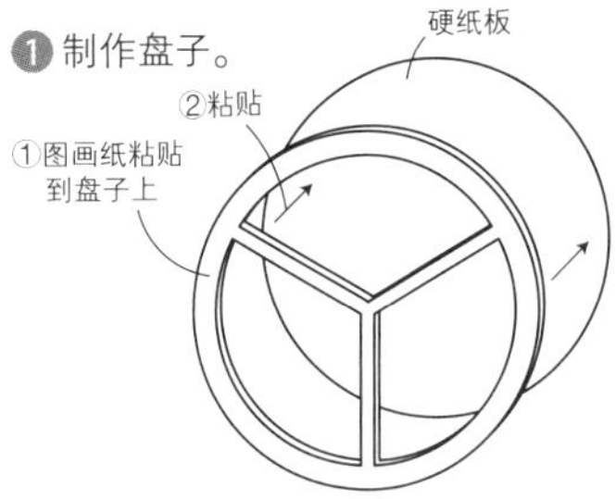

❷ 制作食物。

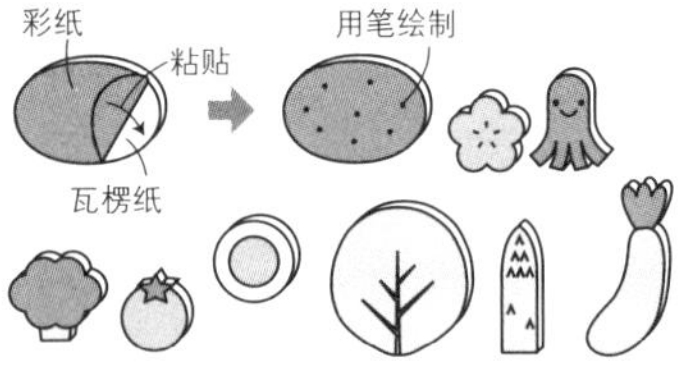

❸ 完成。

纸型

＊放大180%后使用
＊全部使用1张彩纸或图画纸

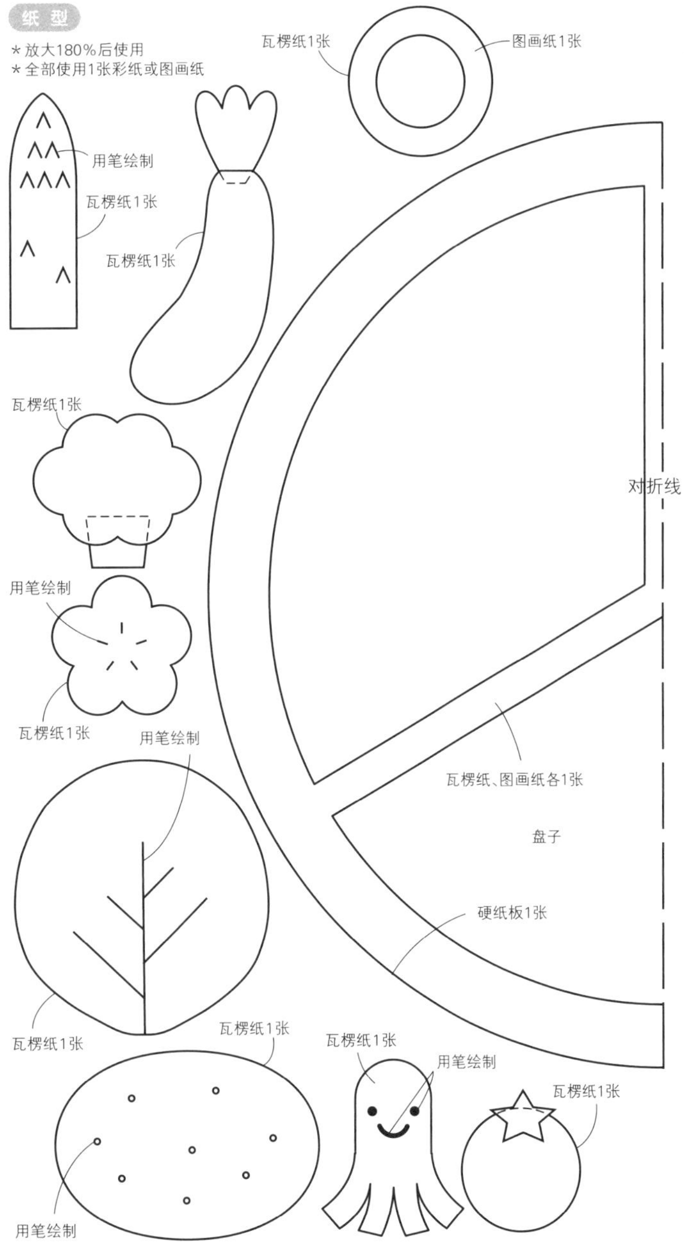

Social Life p.37 用筷子喂饭

材料

- 瓦楞纸 61cm×21.5cm
- 彩纸 适量
- 图画纸 适量
- 布艺胶带 适量

纸型

＊放大200%后使用
＊全部使用1张彩纸
或图画纸

❶ 裁剪瓦楞纸，反面贴上口部内侧的彩纸。

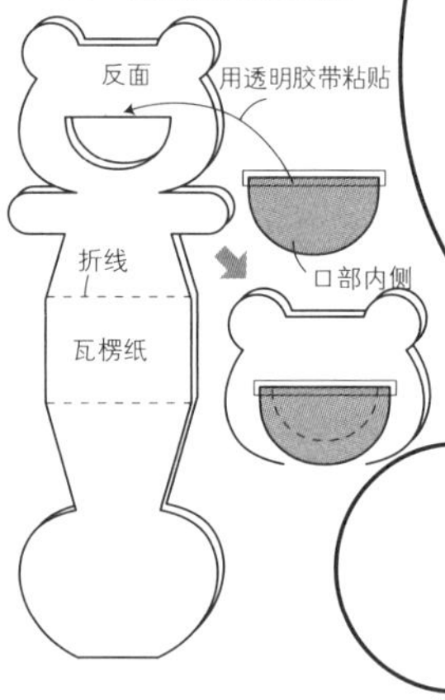

❷ 组合瓦楞纸，把小熊贴上去。

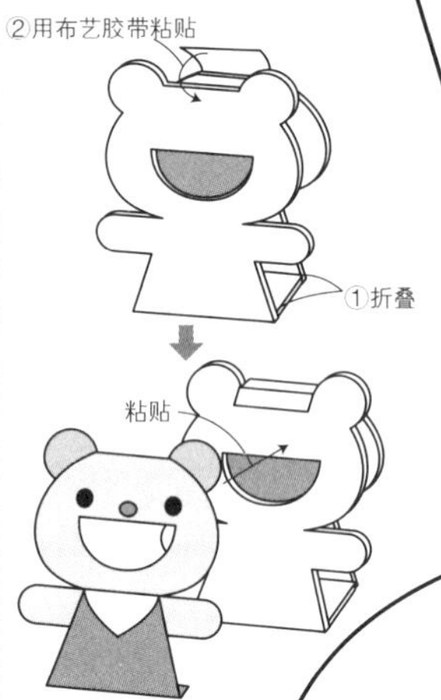

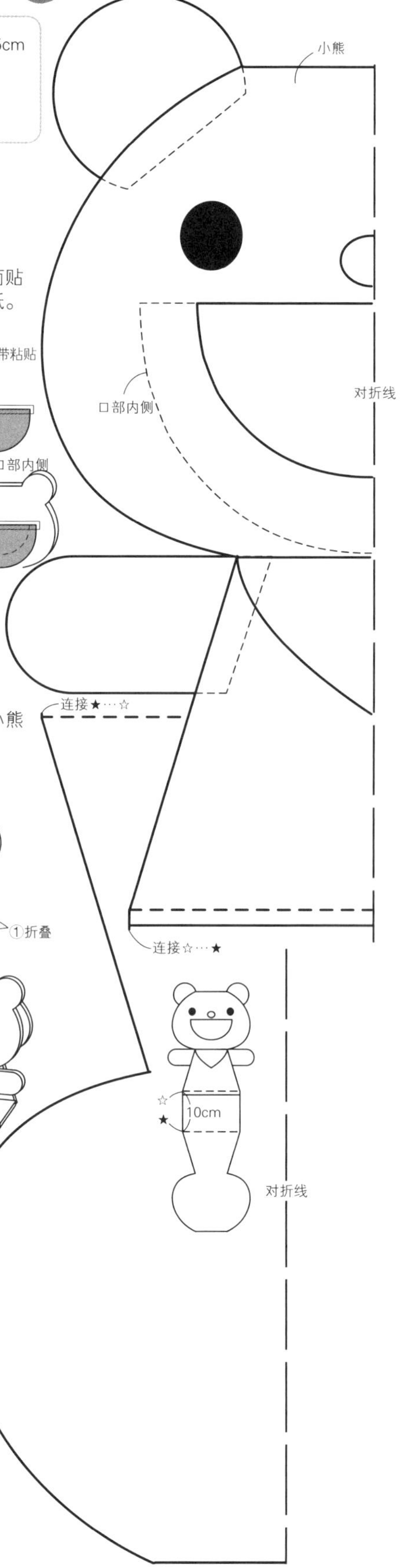

Social Life p.40 用盒子做烧烤架

材料

- 瓦楞纸 铁板用 48cm×39.5cm
  其他部分 适量
- 彩纸 铁板用 37cm×22cm
  侧面用 37cm×20cm
  其他部分 适量

❶ 裁剪瓦楞纸做成铁板。

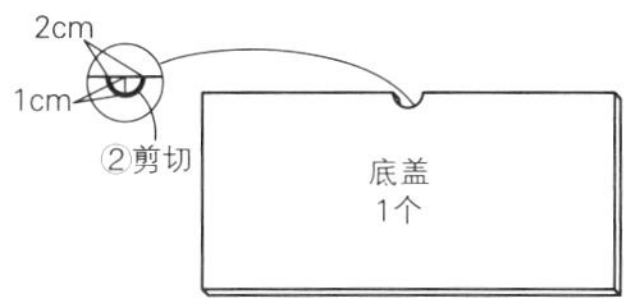

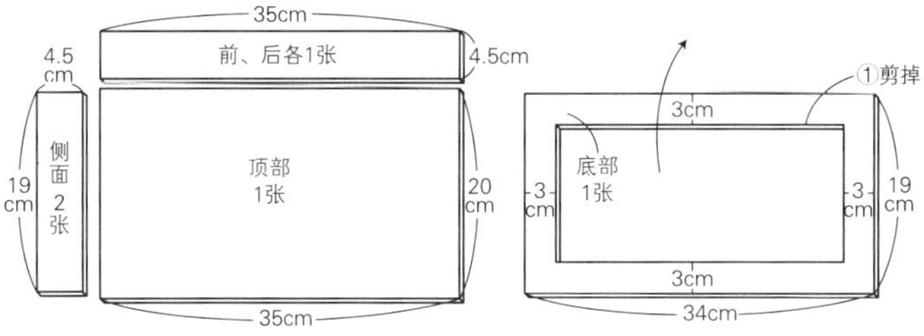

❷ 组合铁板。

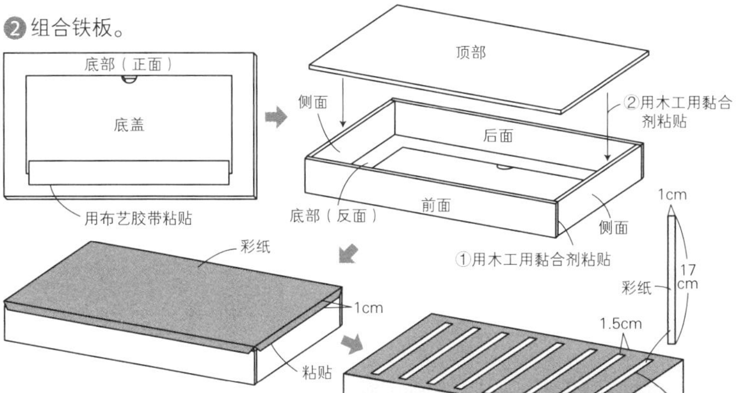

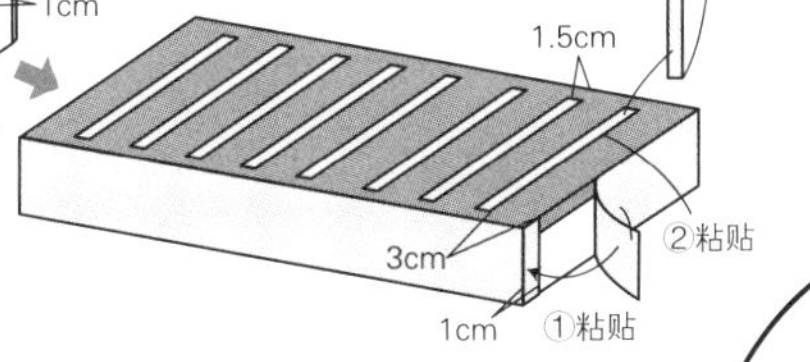

❸ 制作铲子。

❹ 制作食物。

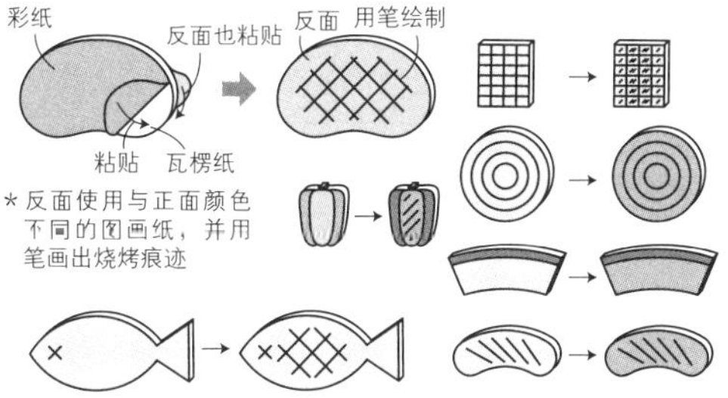

纸型

*放大200%后使用
*全部使用2张彩纸
或图画纸

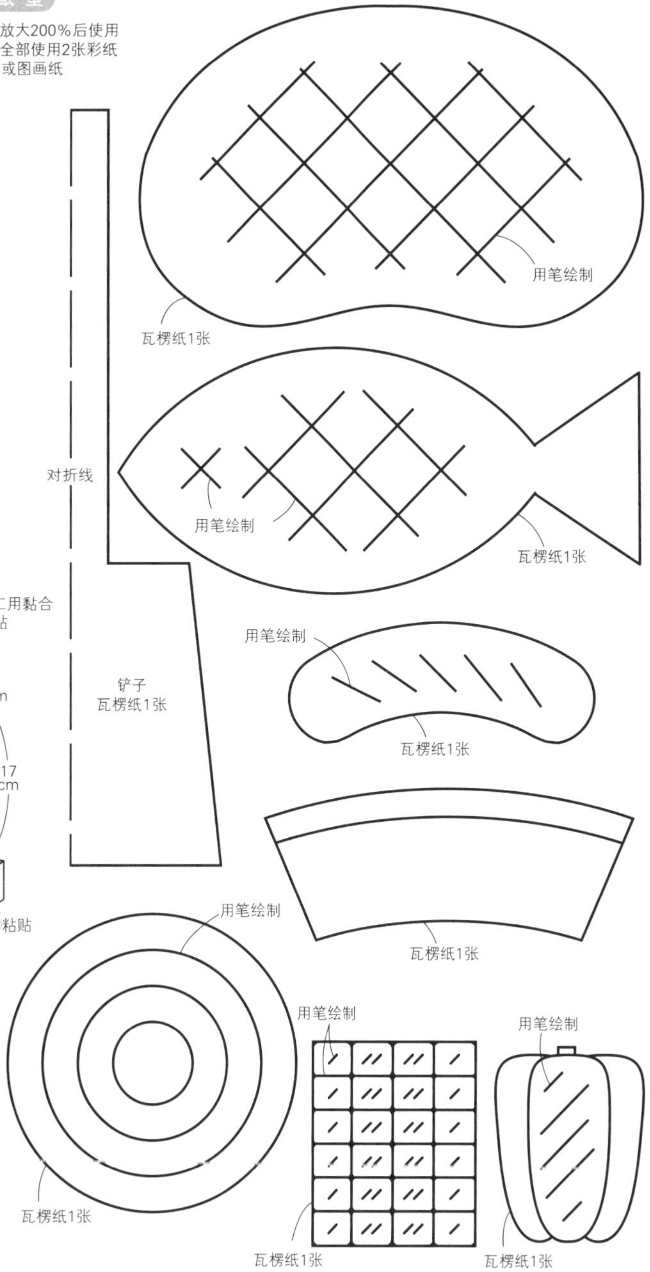

Social Life p.41 彩纸变装游戏

*纸型参照p.103

材料

- 硬纸板 23.5cm×16cm
- 彩纸
  底座用 23.5cm×16cm
  其他部分 适量
- 透明文件夹 1个
- 折纸 适量

❶ 制作底座。

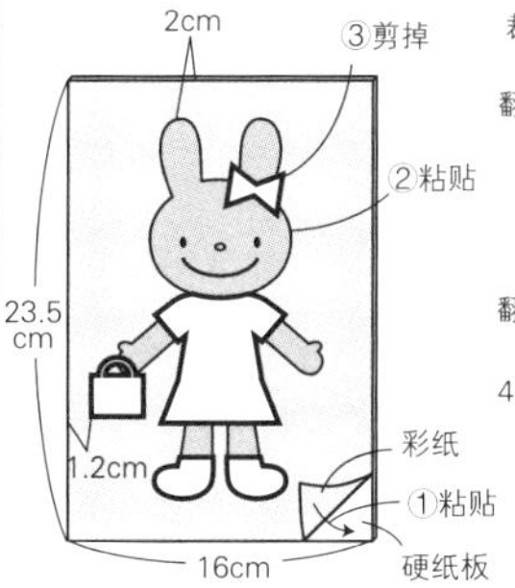

❷ 在底座上粘贴透明文件夹。

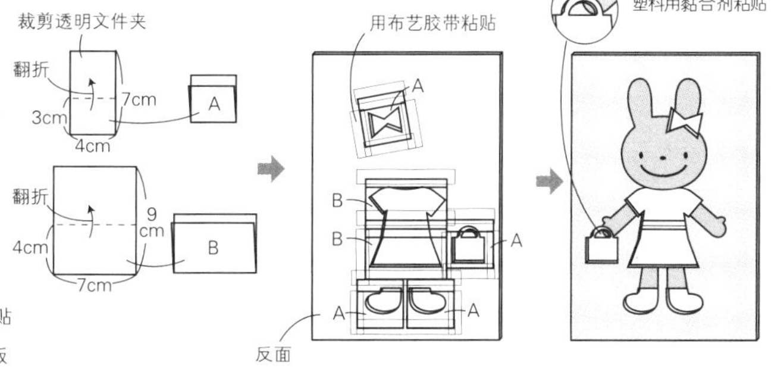

❸ 裁剪折纸。

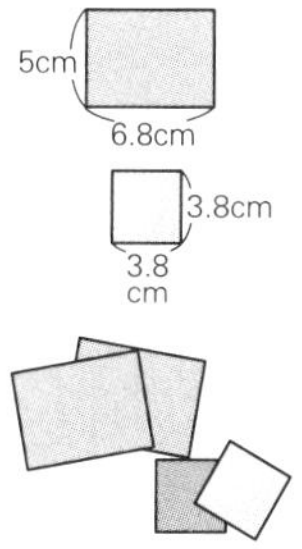

Social Life p.38 用彩色海绵做蛋糕

材料

- 海绵 各1个
- 毛线 各适量
- 水钻 各适量
- 嵌边花带 各适量
- 蕾丝带 适量

<该作品中所使用的海绵的尺寸>

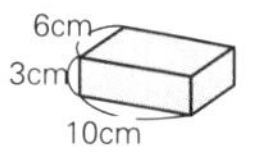

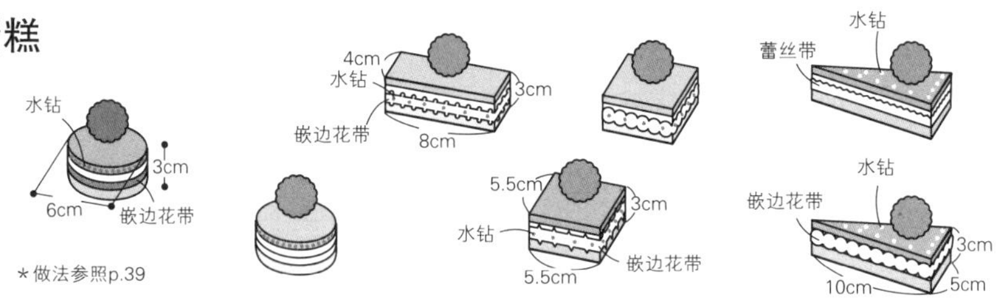

＊做法参照p.39

Social Life p.42 ♥和★的连线游戏

＊纸型参照p.110

材料

- 不织布
  主体用20cm正方形 1块
  棋盘用 18cm×12cm
  其他部分 适量
- 丝带 0.3cm×165cm

❶ 制作主体。

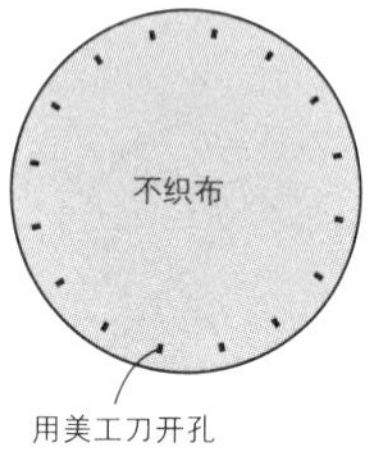

❷ 在主体上绘制图案。

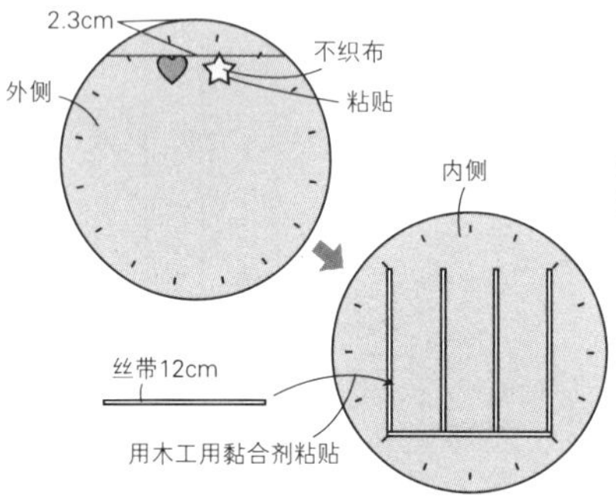

❸ 将丝带穿到主体上。

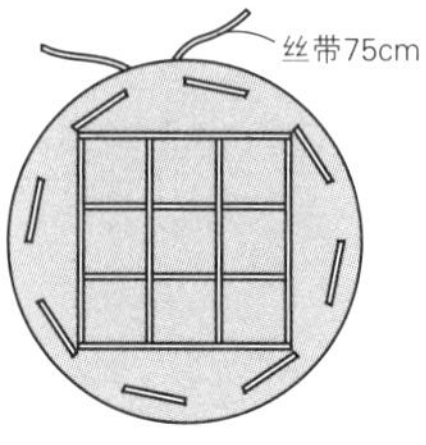

❹ 制作棋子。

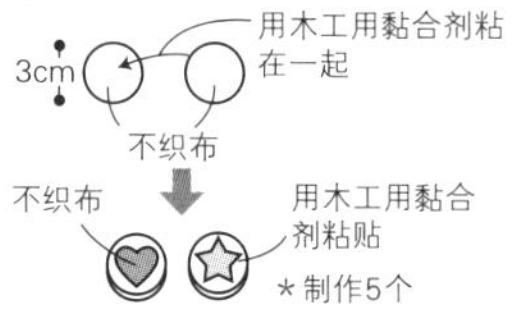

❺ 把棋子装入主体内，系上丝带。

Social Life p.43 食物主题的托球游戏

材料

<荷包蛋>
- 瓦楞纸 20cm×20cm
- 彩纸
  底座用 20cm×20cm
  其他部分 适量
- 图画纸 适量
- 风筝线 30cm

<冰淇淋>
- 瓦楞纸 20cm×14.5cm
- 彩纸 20cm×15cm
- 折纸 适量
- 风筝线 35cm

纸型

＊放大180%后使用

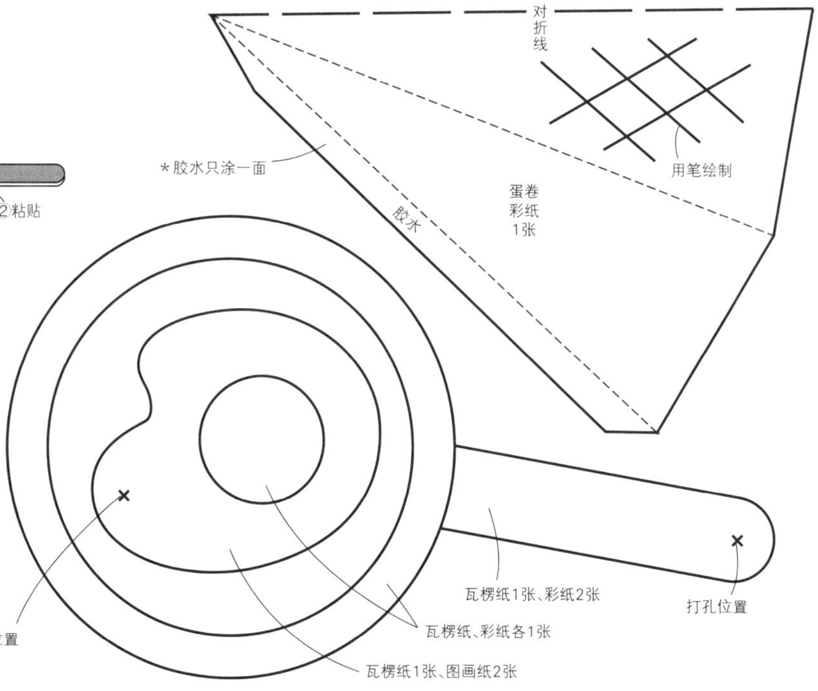

<荷包蛋>

❶ 制作平底锅和荷包蛋。

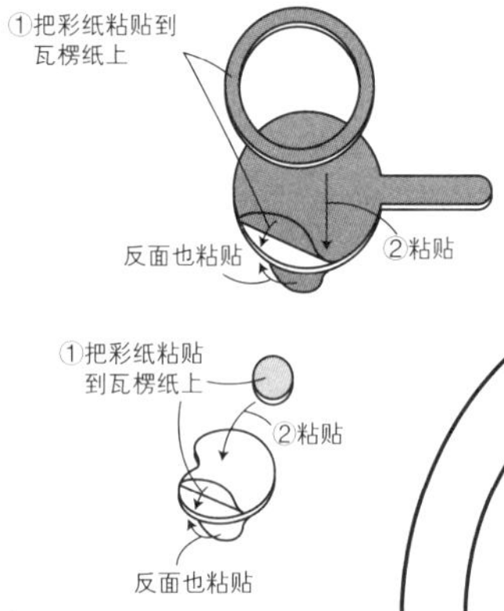

❷ 将荷包蛋和平底锅连在一起。

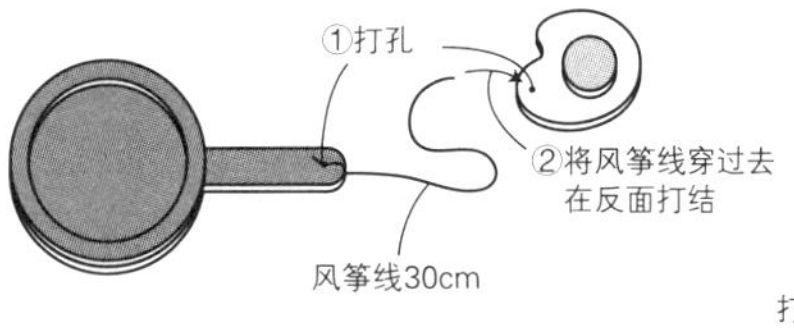

<冰淇淋>

❶ 制作蛋卷。

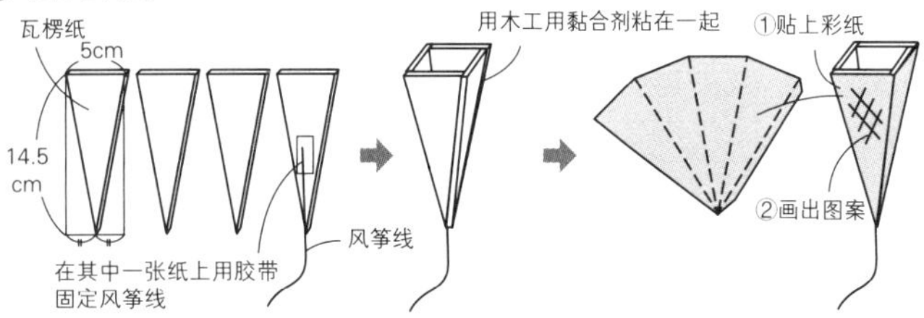

❷ 把冰淇淋球连在蛋卷上。

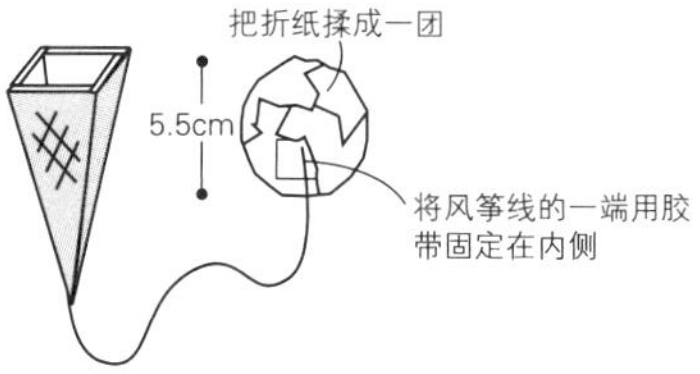

Playing p.44 彩色套环游戏

材料

<底座>
- 瓦楞纸 60cm×20cm
- 彩纸 底座用20cm×20cm
  芯用40cm×12cm
- 铝箔纸 适量

<A>
- 瓦楞纸 适量
- 彩纸 适量

<B>
- 塑料瓶（1.5L） 1个
  （2L） 1个
- 塑料胶带 适量

❶ 制作底座。

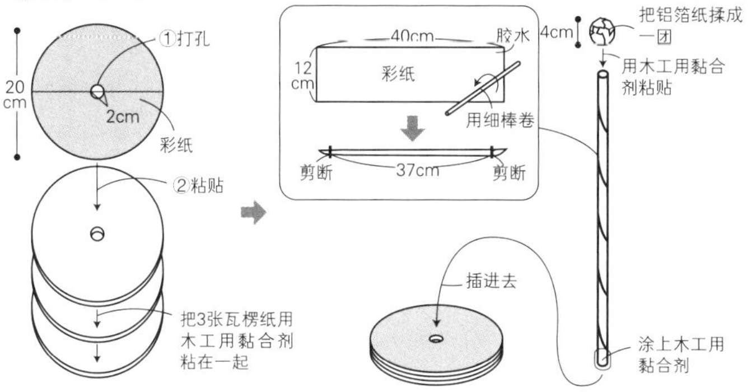

❷ 制作彩环。

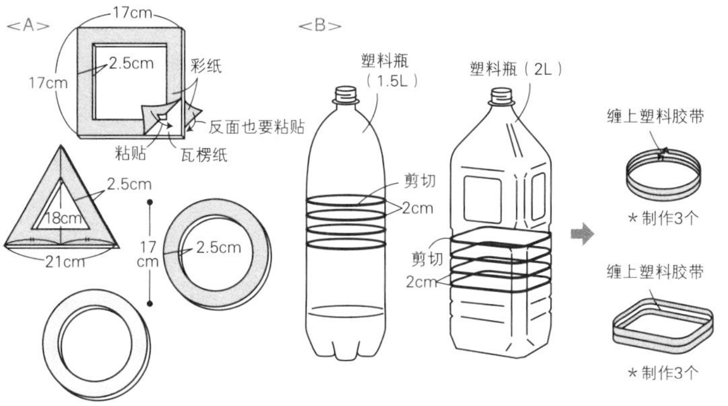

Social Life p.41 彩纸变装游戏

纸型

＊放大150%后使用
＊除指定以外，全部使用1张彩纸

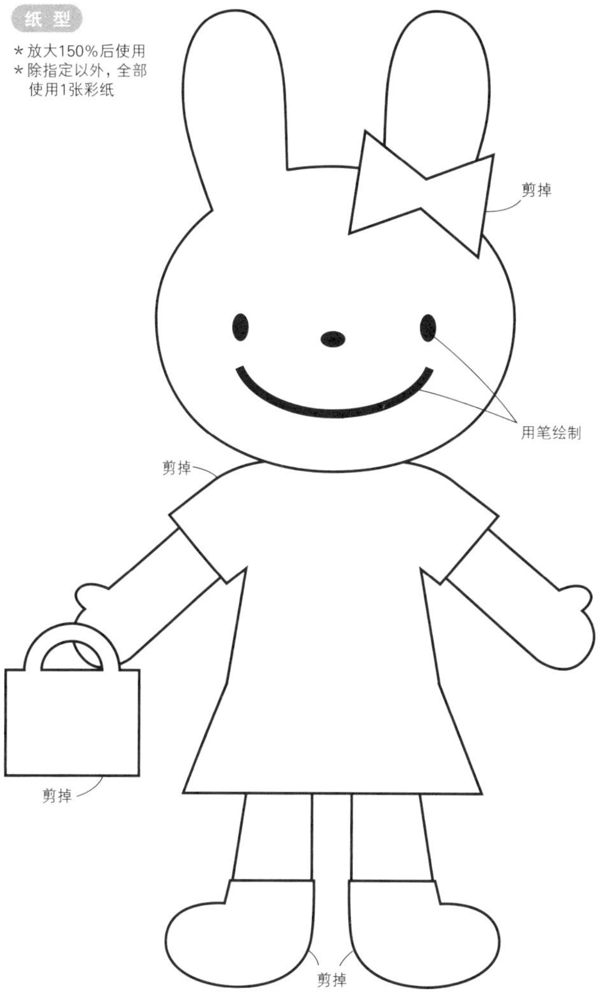

Playing p.45 水果小布包

材料

- 布（薄木棉质地）各15cm×8cm
- 不织布 各适量
- 25号刺绣线 各适量
- 红豆 各适量

制作图 ＊（ ）内表示缝份

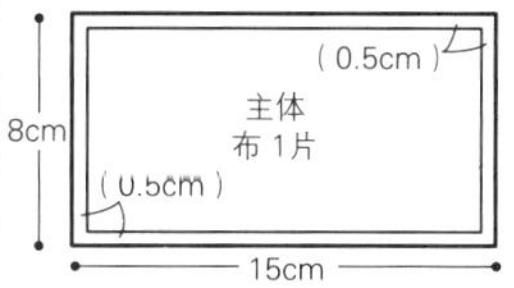

❶ 主体的侧边缝起来。

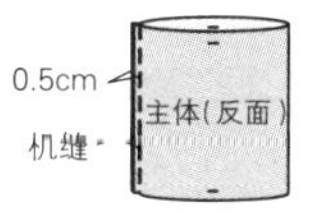

❷ 将一端缝起来做成袋子。

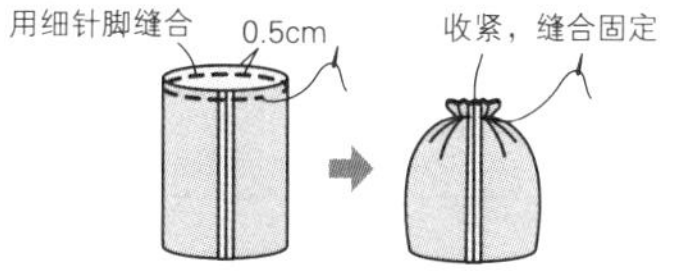

❸ 翻回正面、装入红豆，缝合。

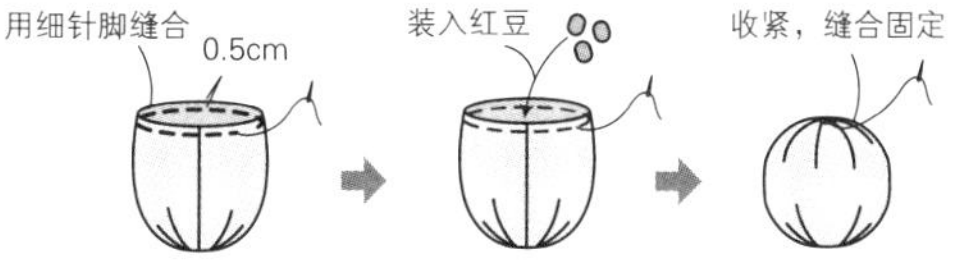

❹ 加入叶子、果柄、花纹等图案。

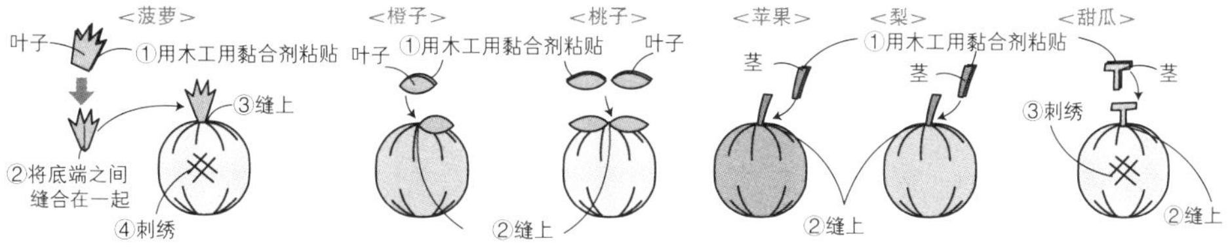

实物大纸型

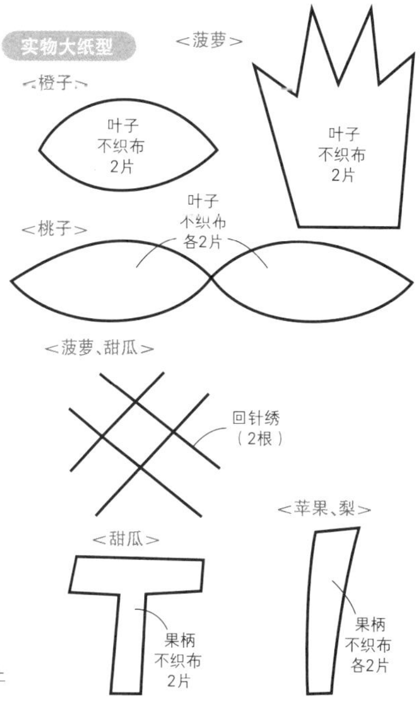

Playing p.46 相扑比赛

材料
- 空盒子 1个
- 彩纸
  比赛场用 20cm×20cm
  其他部分 适量
- 图画纸 适量
- 圆绳 粗0.5cm、长48cm

❶ 制作相扑。

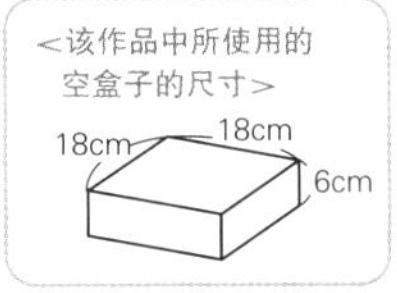

❷ 制作比赛场。

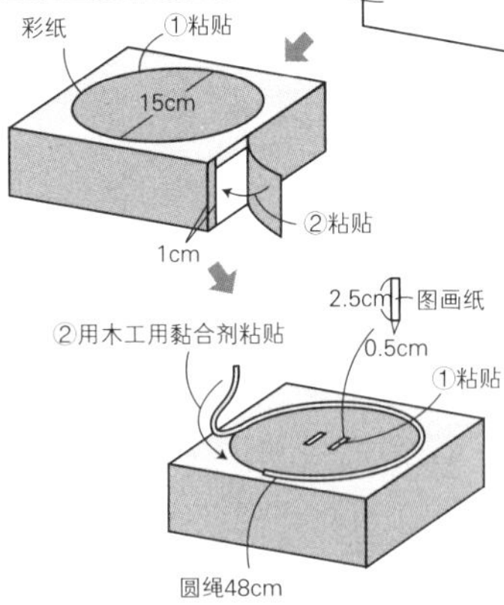

实物大纸型

*全部使用1张图画纸或彩纸

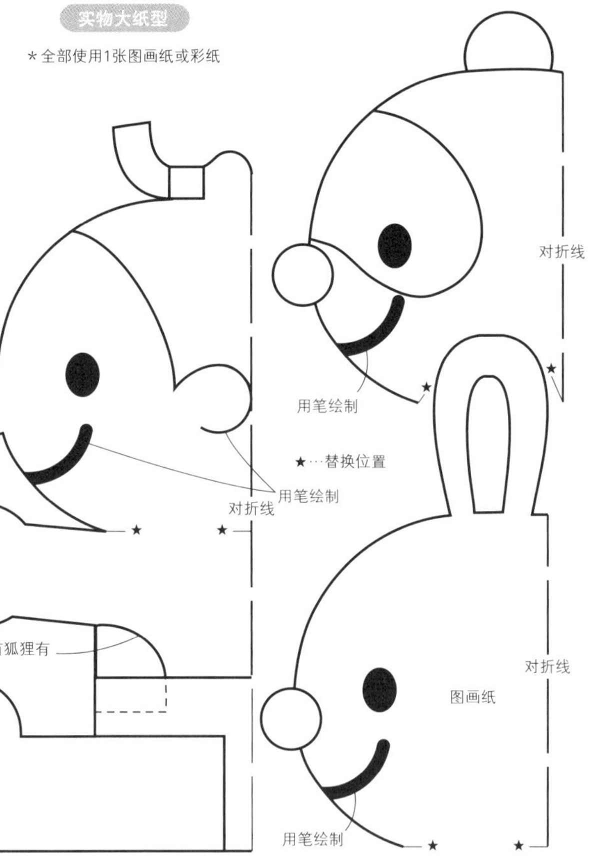

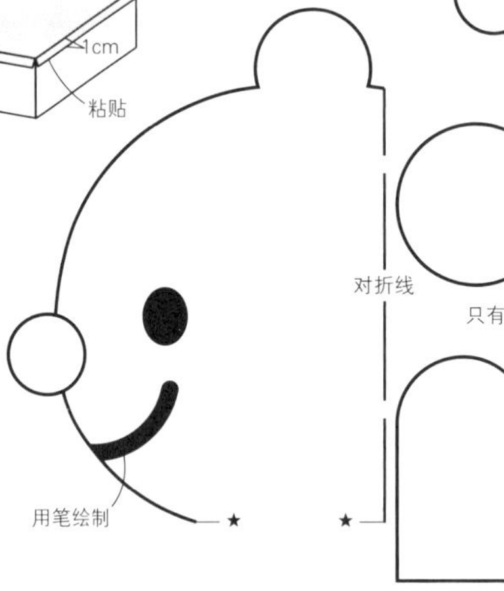

Playing p.47 弹珠迷宫游戏

材料
- 空盒子 1个
- 硬纸板 适量
- 彩纸
  主体用 20.5cm×16cm
  其他部分 适量
- 牙签 3根

❶ 将彩纸贴在空盒子上。

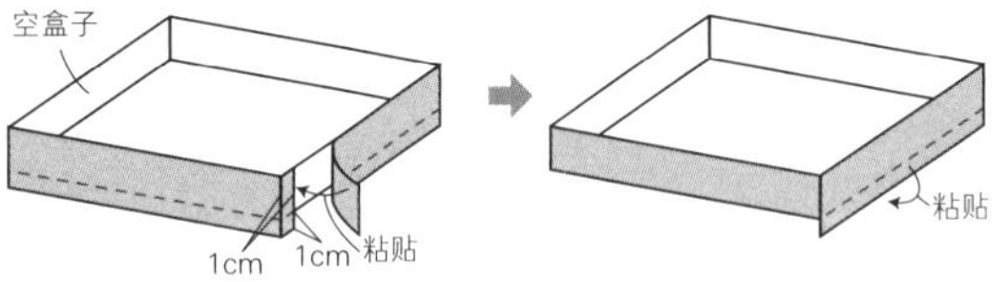

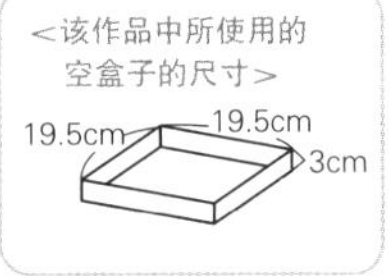

❷ 画迷宫。

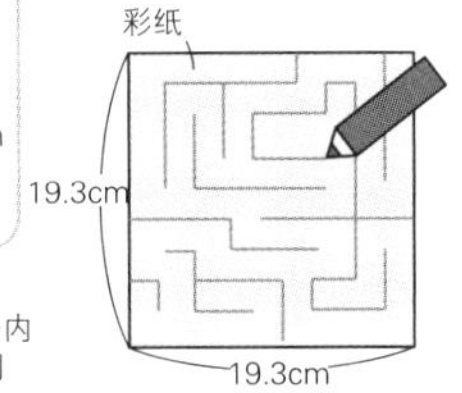

*彩纸与空盒子内侧的尺寸相同

❸ 制作隔板。

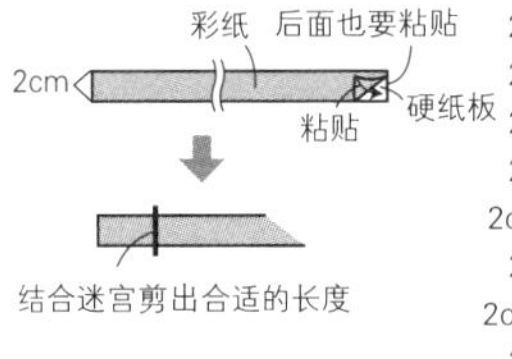

- 2cm×2cm …8张
- 2cm×3cm …2张
- 2cm×4cm …6张
- 2cm×5cm …5张
- 2cm×6cm …2张
- 2cm×6.5cm …1张
- 2cm×7cm …2张
- 2cm×8.5cm …1张
- 2cm×9cm …3张

制作图

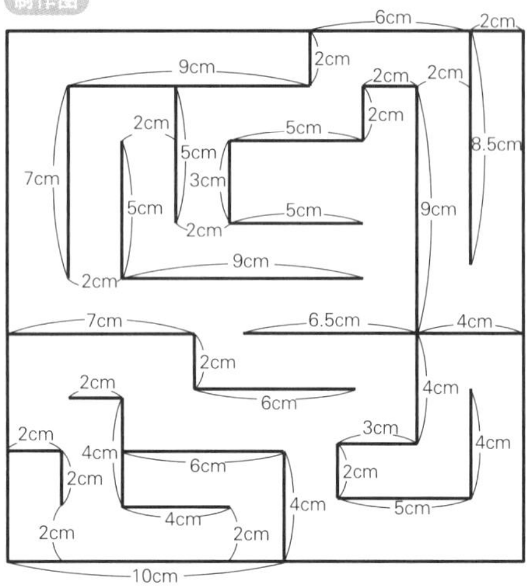

❹ 制作旗子。

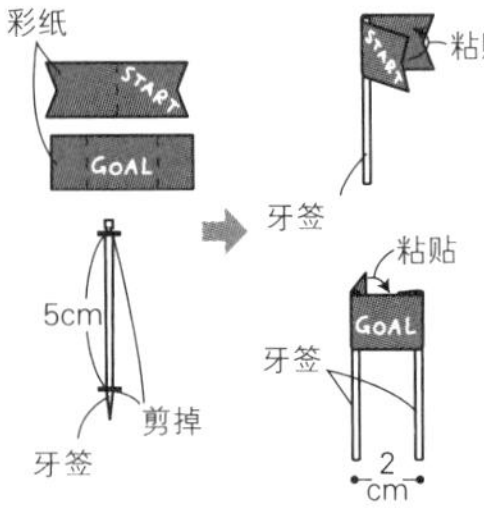

❺ 把隔板粘贴在盒子内。

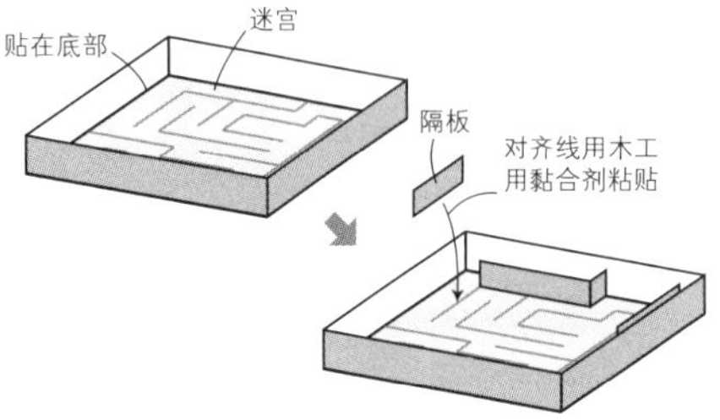

❻ 把旗子粘贴在箱子上。

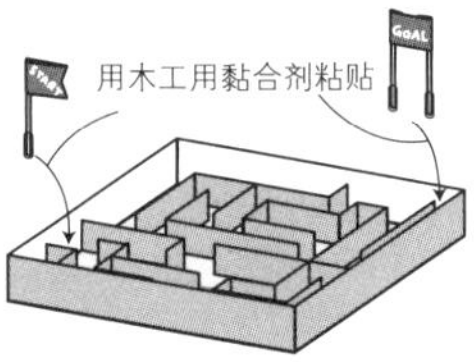

实物大纸型

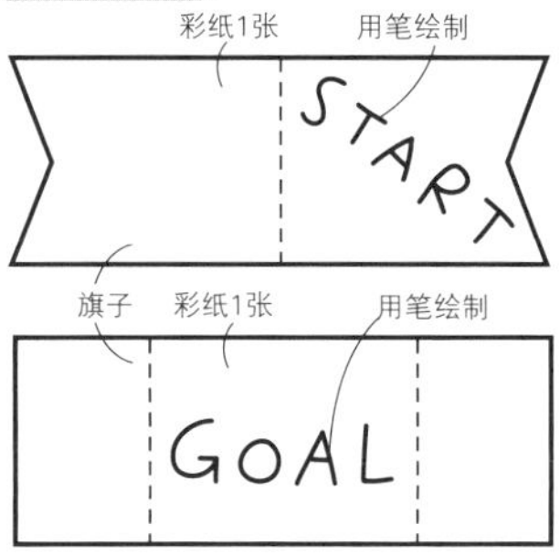

Movable Toy p.48 用废料做竹蜻蜓

材料

＜用塑料瓶做竹蜻蜓＞
- 塑料瓶（500mL） 各1个
- 竹签 各1根
- 塑料胶带 各适量

＜用一次性盘子做竹蜻蜓＞
- 一次性盘子 各适量
- 竹签 各1根
- 塑料胶带 各适量

＜用塑料瓶做竹蜻蜓＞

❶ 制作翅膀。

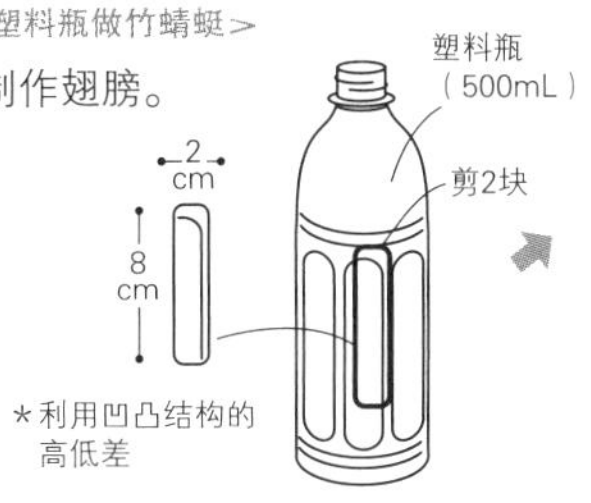

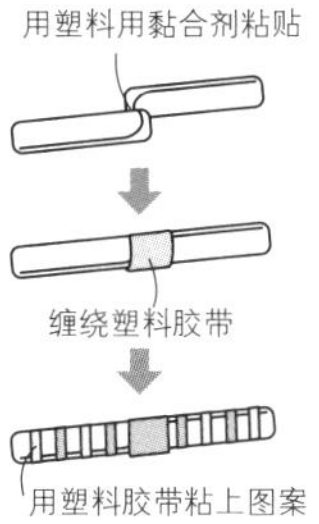

❷ 将竹签插在翅膀上。

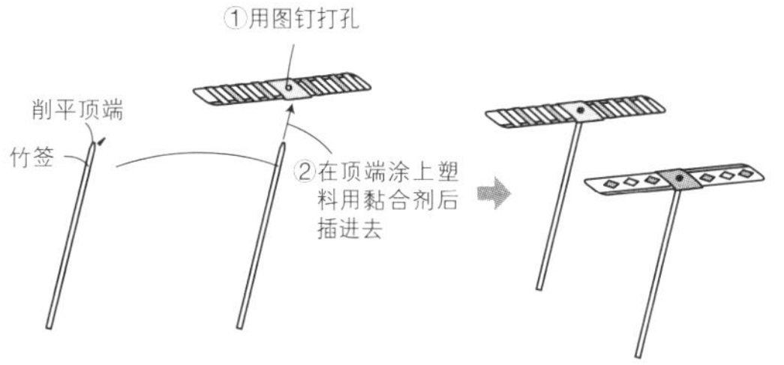

＜用一次性盘子做竹蜻蜓＞

❶ 制作翅膀。

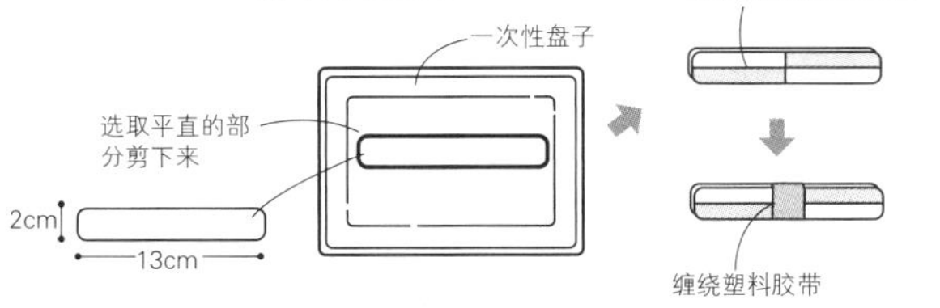

❷ 将竹签插在翅膀上。

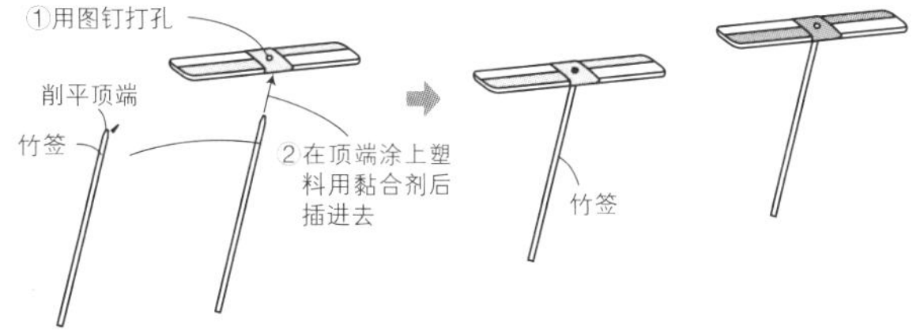

Movable Toy p.49 用橡皮筋做手枪

材料
- 瓦楞纸 35cm×21cm
- 彩纸 适量
- 图画纸 适量
- 一次性筷子 1双
- 牙签 1根
- 橡皮筋 1根
- 塑料胶带 适量

纸型

*放大150%后使用
*全部使用1张彩纸或图画纸

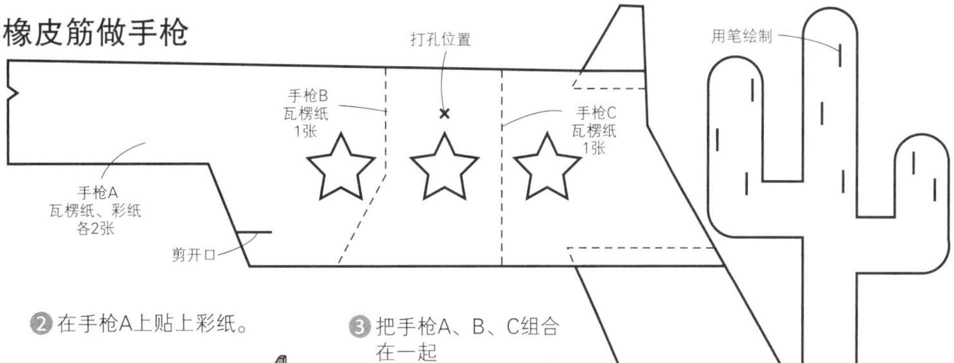

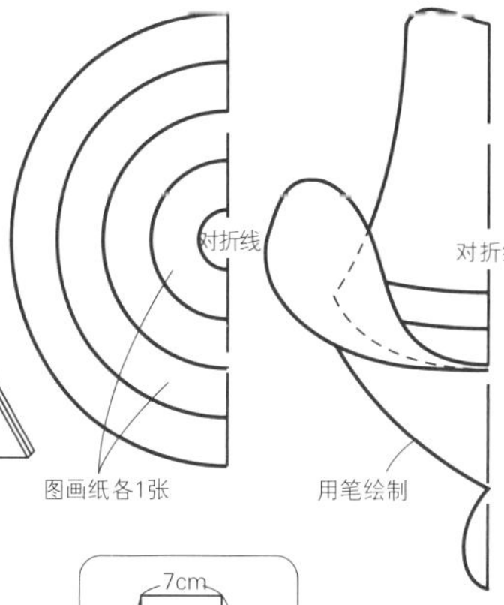

❶ 裁剪瓦楞纸。

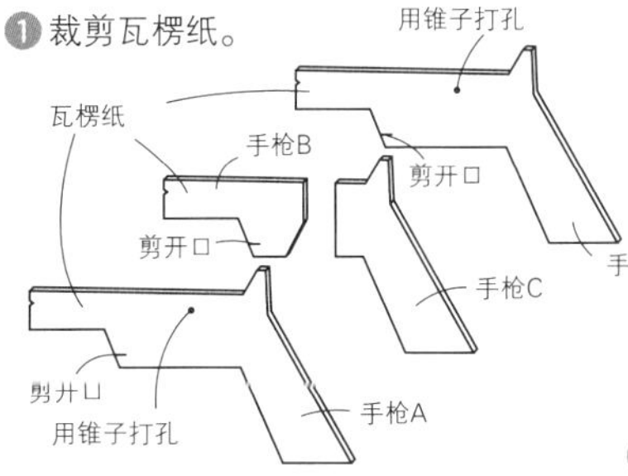

❷ 在手枪A上贴上彩纸。

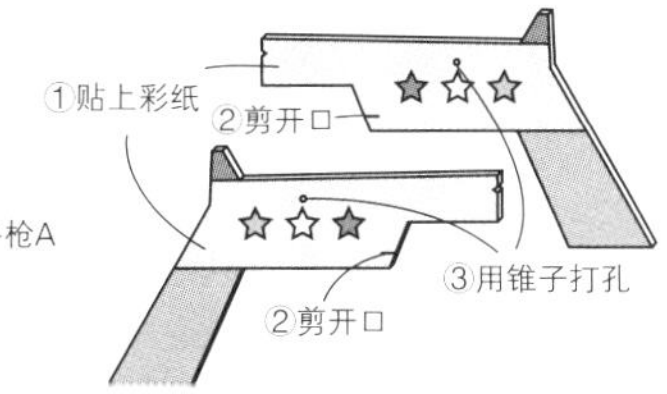

❸ 把手枪A、B、C组合在一起

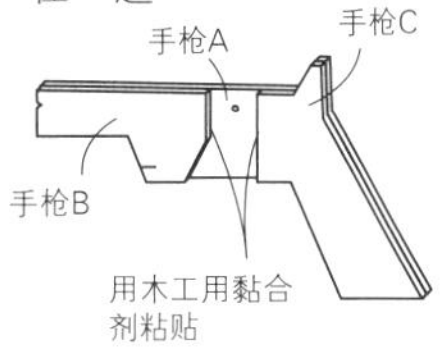

❹ 用牙签固定。

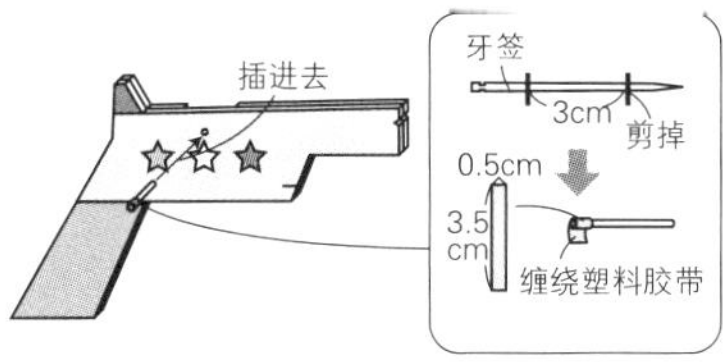

❺ 做手枪扳机。

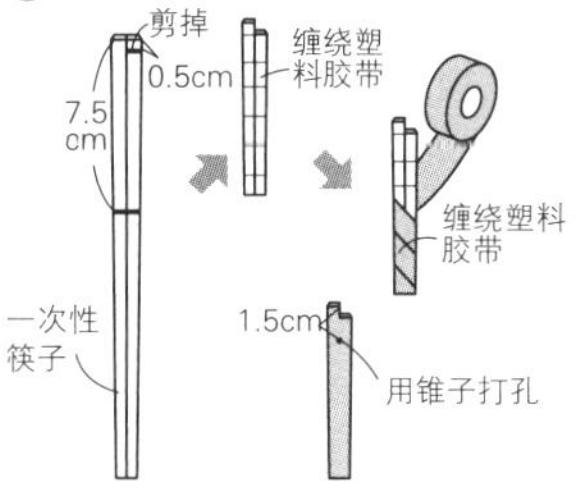

❻ 把扳机粘贴到手枪上。

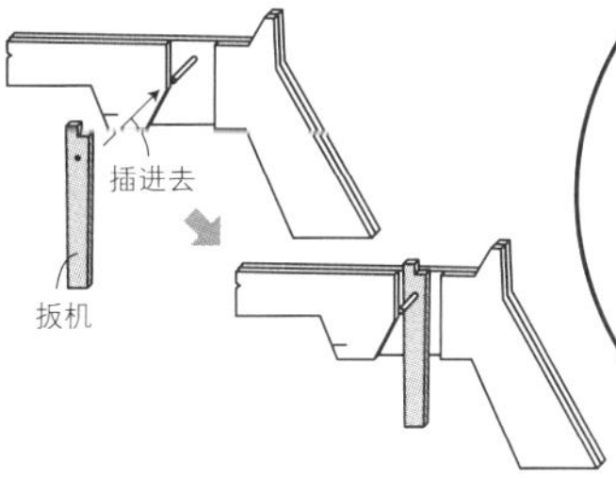

❼ 将另一个手枪A粘贴上去。

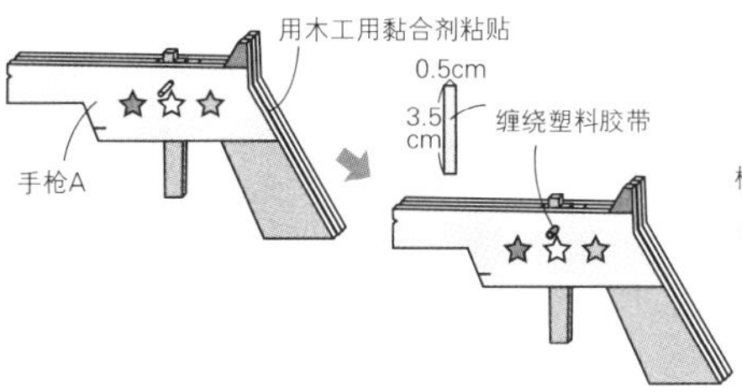

❽ 橡皮筋装到手枪上。

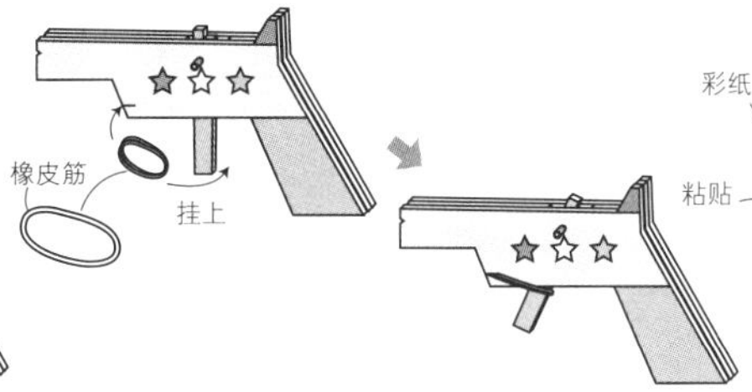

❾ 做靶子。

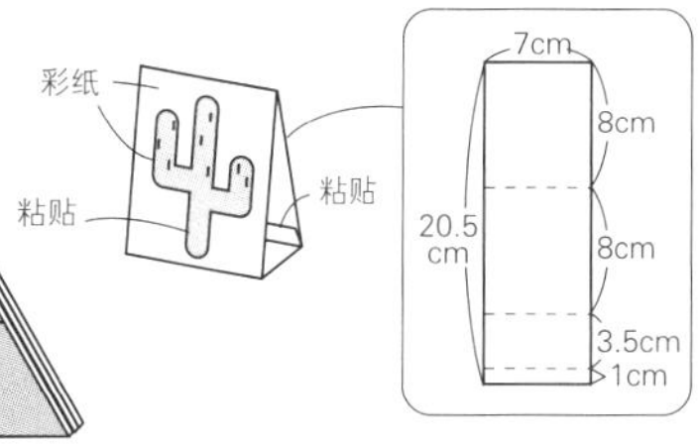

Movable Toy p.50 用电线做成的绕珠

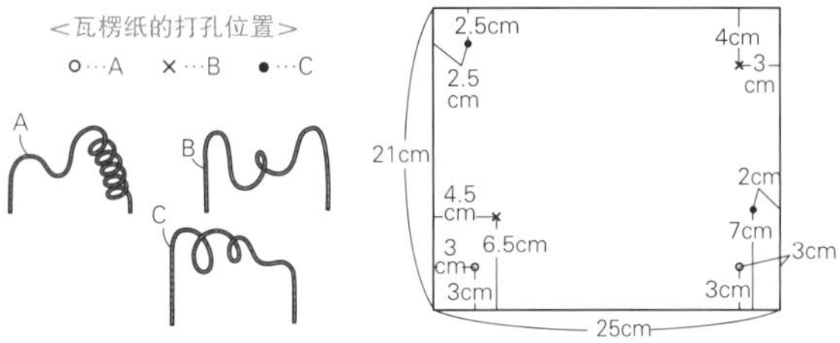

Movable Toy p.52 吸管火箭

材 料

- 折纸 主体用 1张
  其他 适量
- 可弯吸管 各1根

纸 型

＊放大150%后使用
＊全部使用折纸

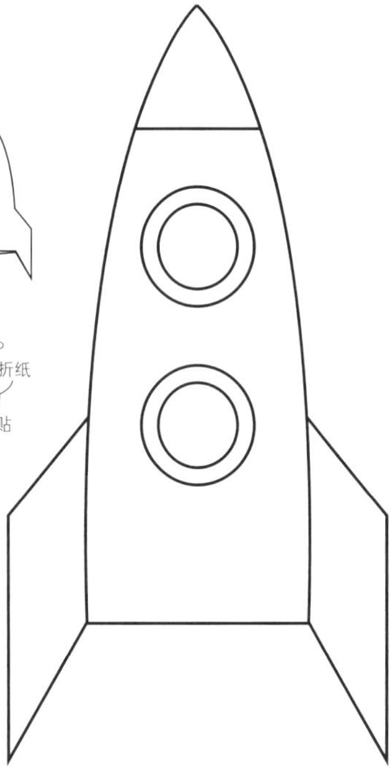

❶ 裁剪折纸。

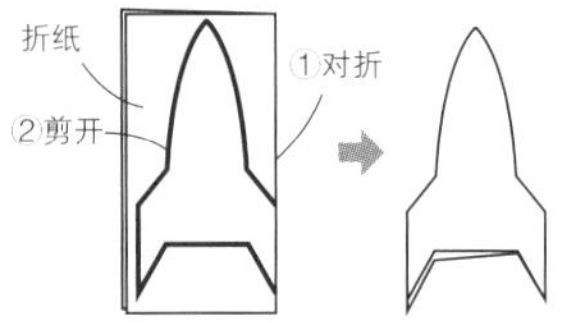

❷ 两个粘在一起，贴上图案。

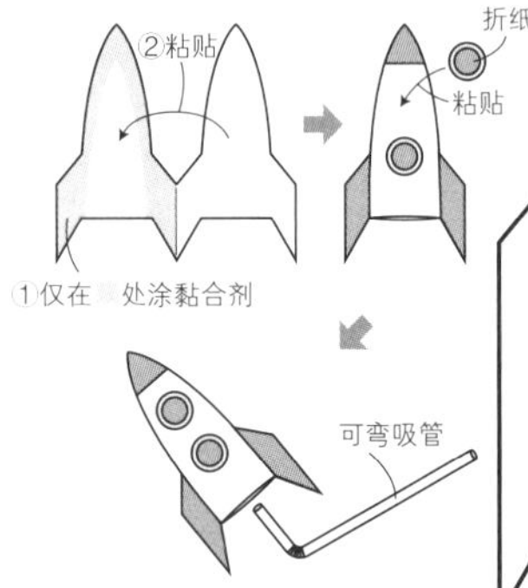

Outdoor p.54 用塑料瓶吹肥皂泡

材 料

- 塑料瓶（500mL）1个
- 布（粗布） 15cm×15cm
- 橡皮筋 1根
- 塑料胶带 适量

❶ 剪开塑料瓶。

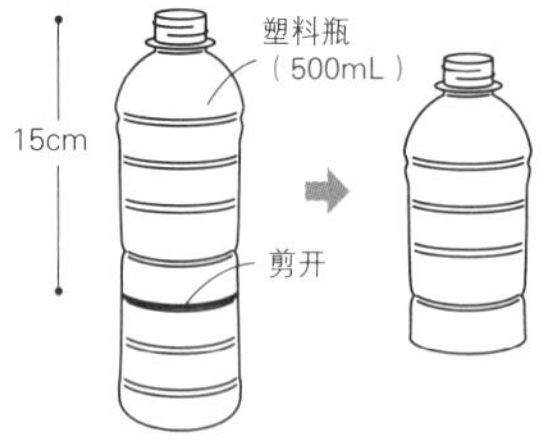

❷ 在塑料瓶底部包上布。

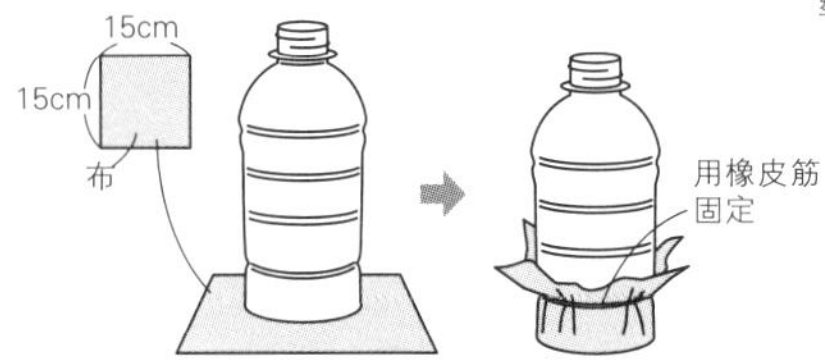

❸ 贴上图案。

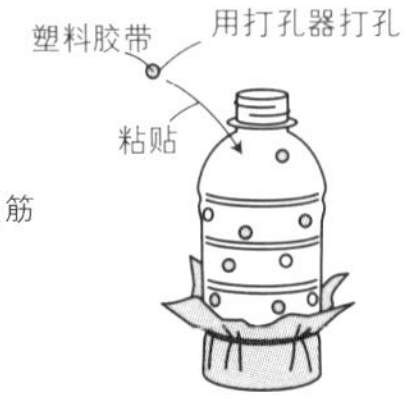

Movable Toy p.53 用弹珠做车轮

材 料

- 牛奶盒（1L）2个
- 彩纸 车用 46.5cm×16.5cm
  其他 适量
- 弹珠 4颗
- 塑料瓶盖 4个

实物大纸型

＊全部使用彩纸

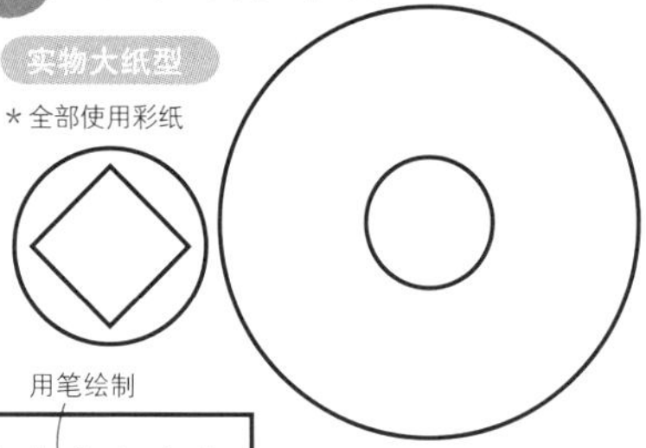

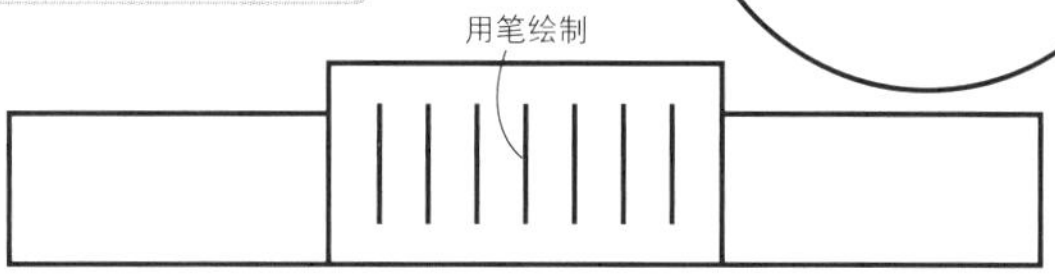

❶ 裁剪牛奶盒。

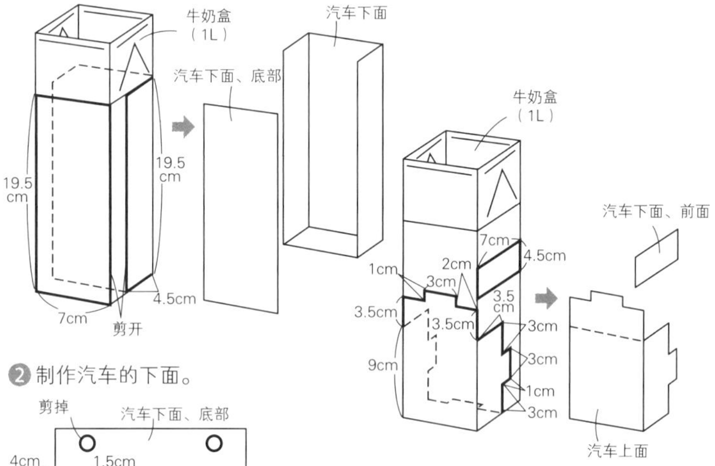

❷ 制作汽车的下面。

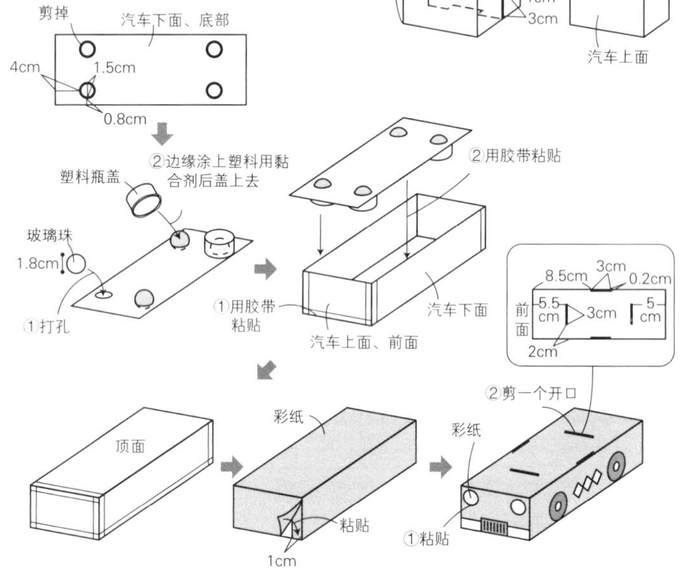

❸ 制作汽车的上面。

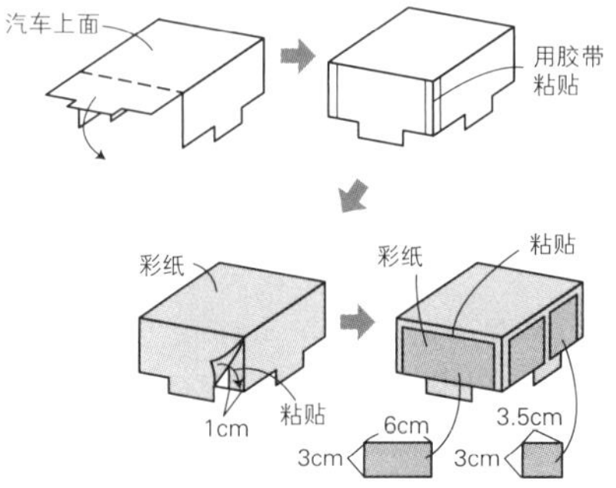

❹ 将汽车上面与汽车下面组合在一起。

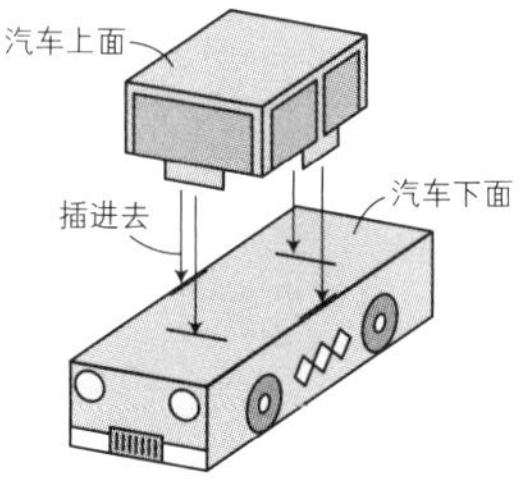

Outdoor p.55 五彩缤纷的肥皂泡

材料

<用铁丝衣架做成的吹泡器>
- 钢丝衣架 1个
- 塑料胶带 适量

<星星花样的彩色扭扭棒做成的吹泡器>
- 彩色扭扭棒 各2个

<用环形彩色扭扭棒做成的吹泡器>
- 彩色扭扭棒 适量

<星星花样的彩色扭扭棒做成的吹泡器>

把彩色扭扭棒扭成星星的形状，插上把手

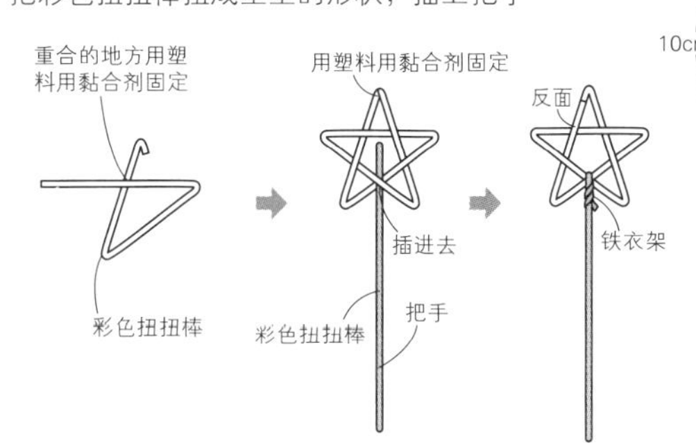

<用环形彩色扭扭棒做成的吹泡器>

把各个环连接在一起，装上把手

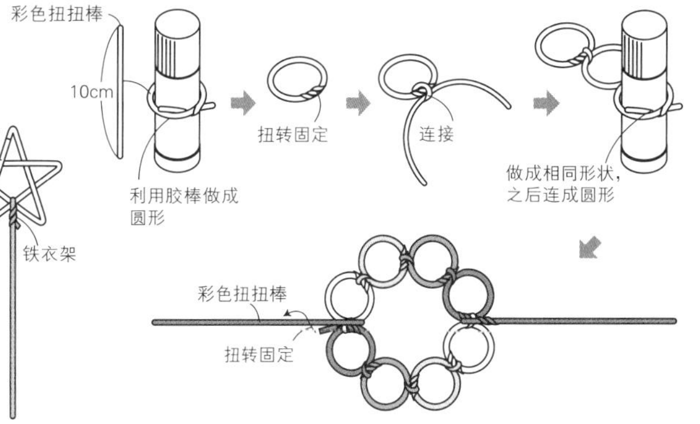

<用铁丝衣架做成的吹泡器>

将衣架撑圆后制成

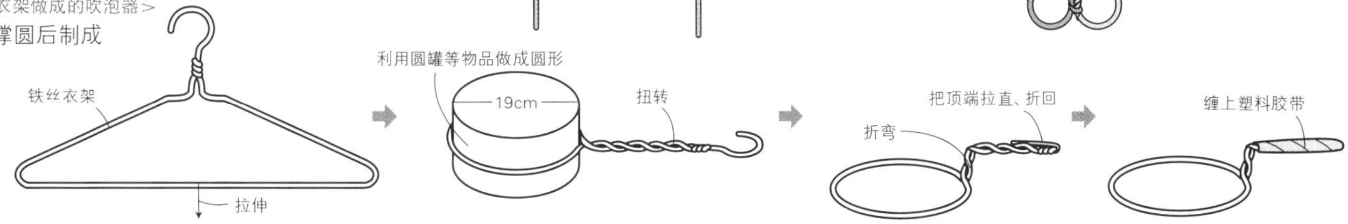

Outdoor p.56 用空罐子做高跷

材料

<A星星图案>
- 空罐子 2个
- 塑料胶带 适量
- 圆绳 粗0.5cm、长260cm

<B铃铛装饰>
- 空罐子 2个
- 塑料胶带 适量
- 圆绳 粗0.5cm长、210cm
- 铃铛 2个

❶ 在主体上贴上图案。

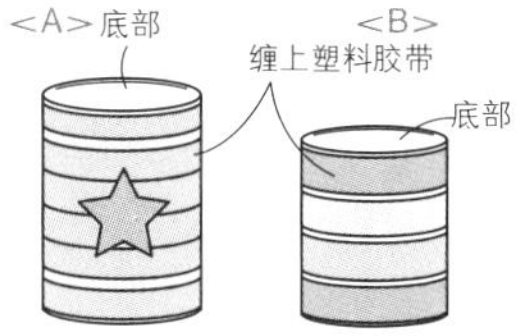

❷ 在主体上打孔。

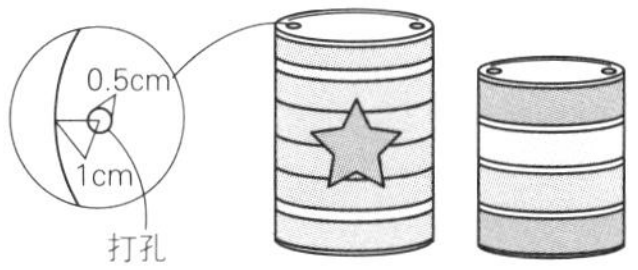

❸ 在主体上穿上绳子。

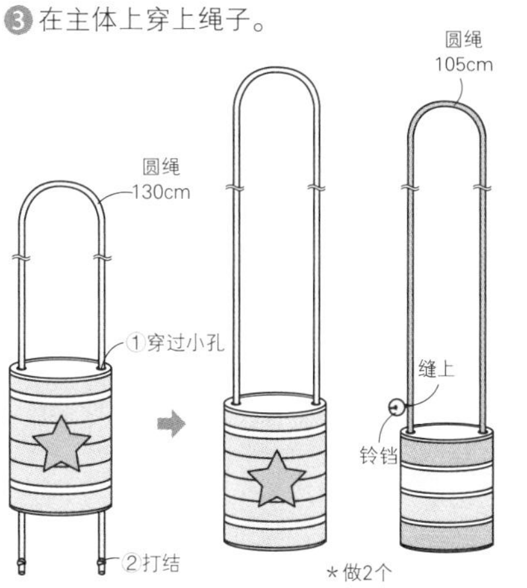

＊做2个

<该作品中使用的空罐子尺寸>

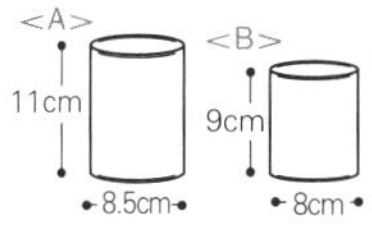

＊用开罐器把罐子打开后，用塑料胶带包住开口处

实物大纸型

Outdoor p.57 用纸盘子做飞盘

材料

<细棒>
- 一次性筷子 各1双
- 牙签 各2根
- 塑料胶带 各适量

<纸盘子A>
- 纸盘子 1个
- 折纸 适量

<纸盘子B>
- 纸盘子 1个
- 贴纸 适量

<盖子A>
- 塑料盖子 1个
- 贴纸 适量

<盖子B>
- 塑料盖子 1个

❶ 制作细棒。

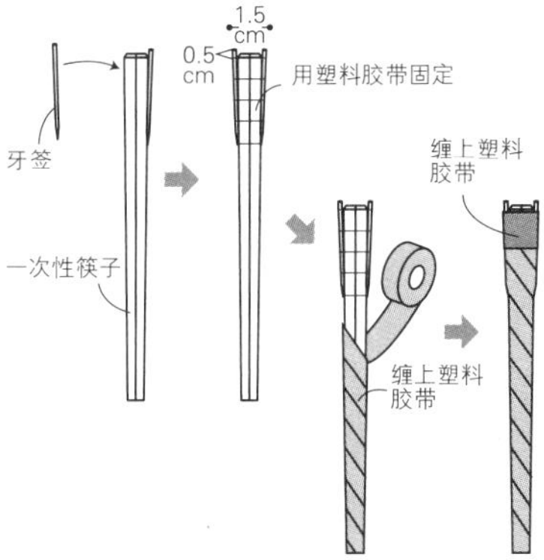

❷ 制作圆盘。

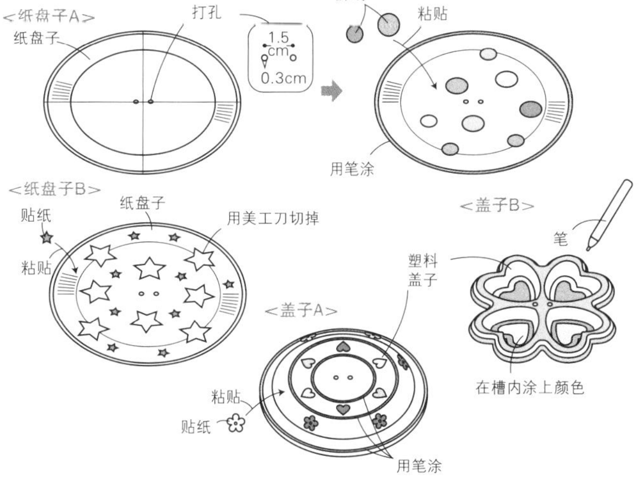

Outdoor p.59 用伞套做飞机

材料
- 伞套 各1个
- 彩纸 各适量
- 折纸 各适量

❶ 制作螺旋桨和机翼。

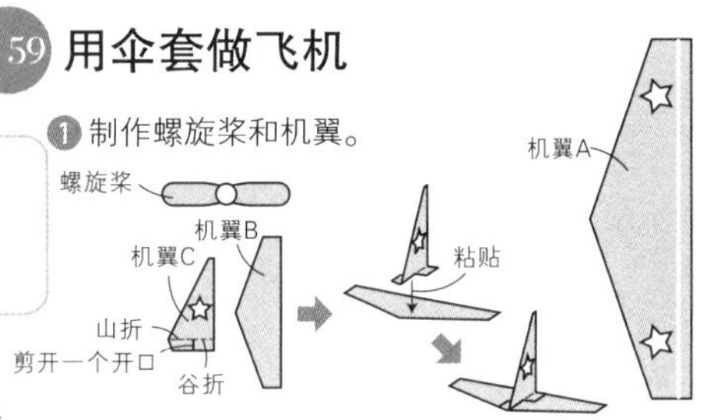

❷ 把伞套吹鼓起来。

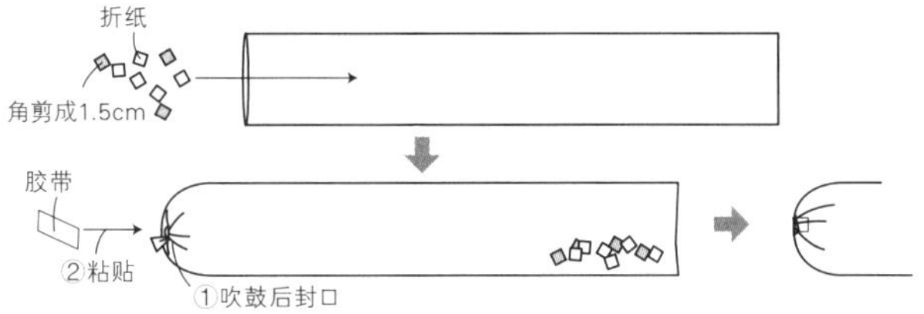

❸ 在伞套上装饰彩纸。

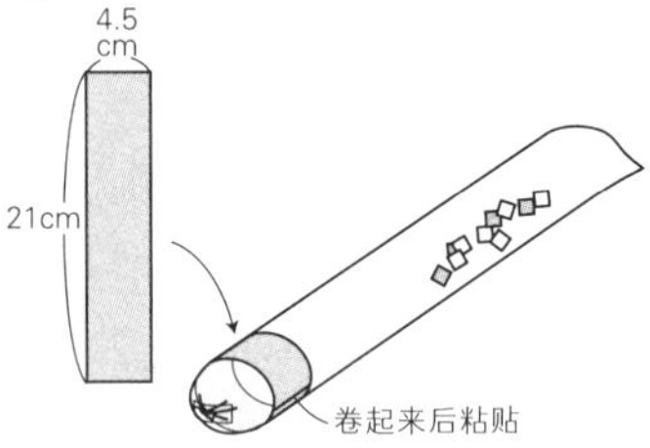

❹ 把螺旋桨和机翼装到伞套上。

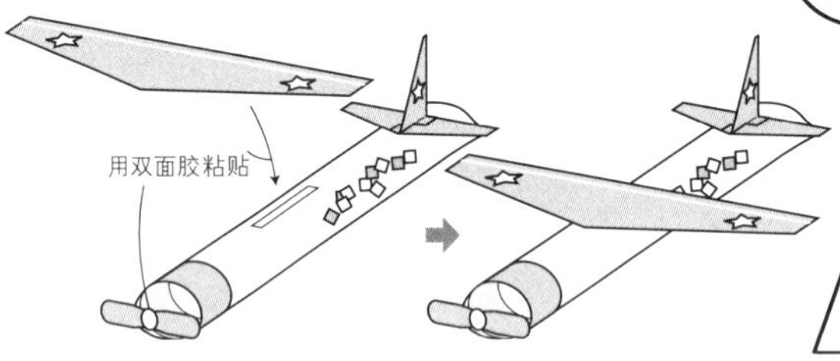

纸型

＊放大150%后使用
＊全部使用彩纸

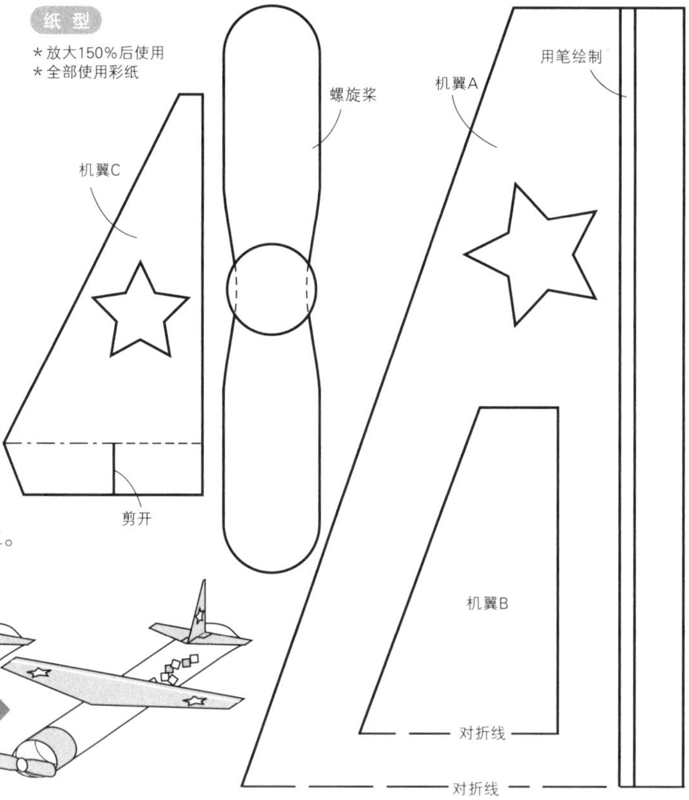

Playing in Water p.60 浴室贴纸

材料
- 零食袋 适量

把零食袋剪成圆形、三角形、
正方形等形状

＊零食袋要采用里面是锡箔或者是
塑料材质的袋子

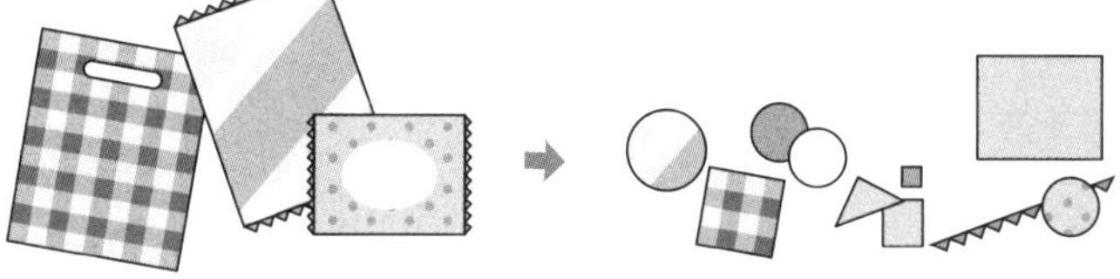

Playing in Water p.61 用吸铁石玩钓鱼游戏

材料
- 透明文件夹 各适量
- 曲别针 各1个
- 彩纸 各55cm×15cm
- 风筝线 各45cm
- 吸铁石 各1个

❶ 制作鱼竿。

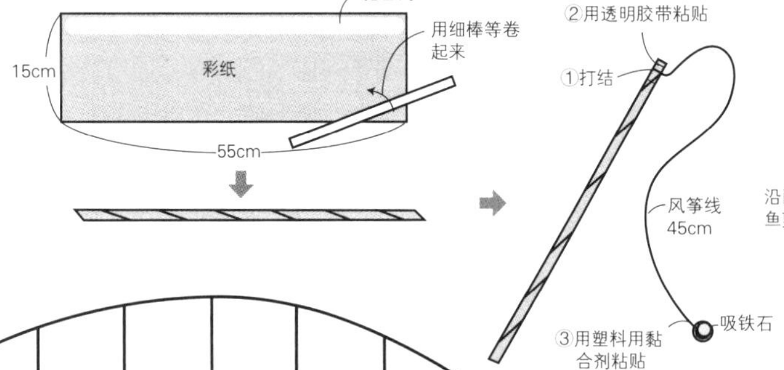

❷ 制作小鱼。

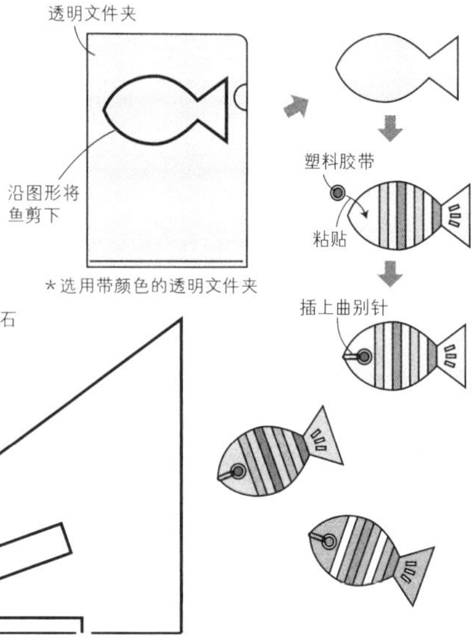

＊选用带颜色的透明文件夹

实物大纸型

＊除指定以外，全部使用塑料胶带

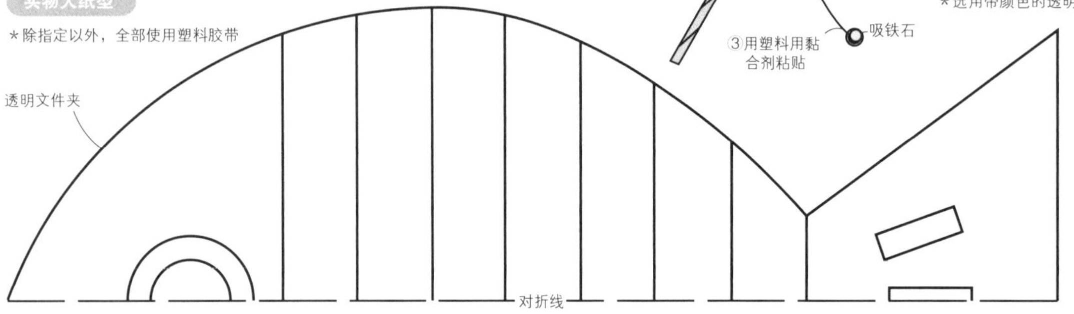

Playing in Water p.62 塑料瓶淋浴器

材料

<A>
- 塑料瓶（500mL）1个
- 塑料胶带 适量

<B>
- 塑料瓶（1.5L）1个
- 电线 粗0.3cm、长40cm
- 塑料胶带 适量

*参照p.63作品的制作方法

实物大纸型

*全部用塑料胶带

Playing in Water p.64 用洗发水瓶做水泵

材料

- 洗发水瓶 各1个
- 塑料胶带 各适量

<该作品中使用的洗发水瓶的尺寸>

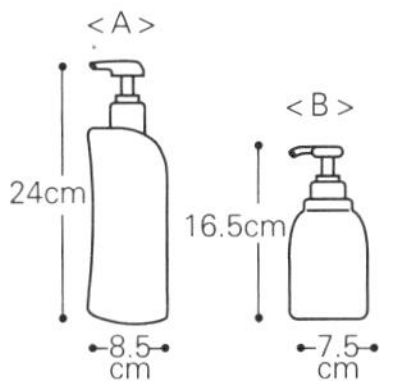

❶ 在容器上打孔。

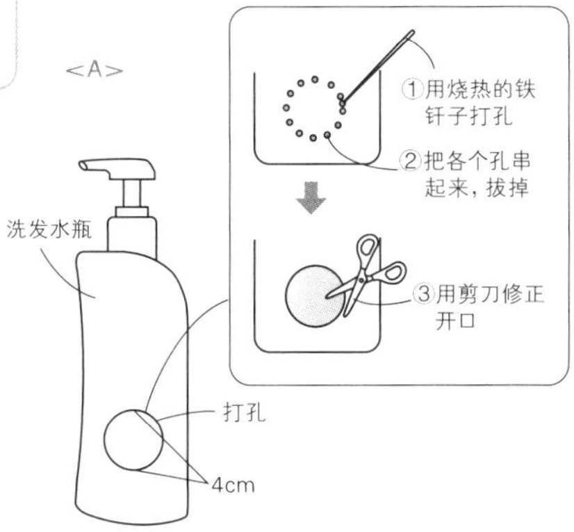

❷ 粘贴图案。

实物大纸型

*全部用塑料胶带

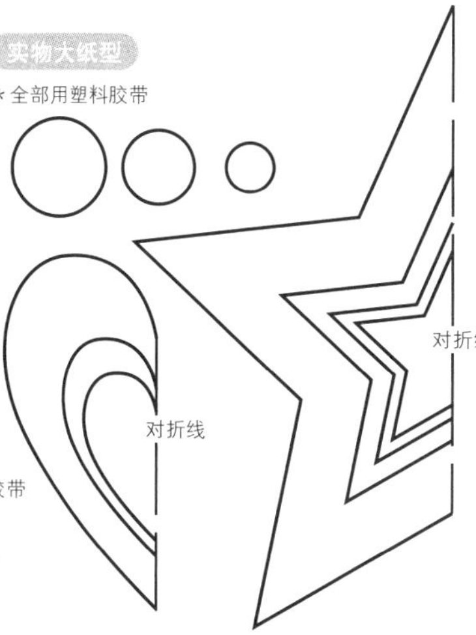

Playing in Water p.65 用牛奶盒做小船

材料

<A>
- 牛奶盒（1L）1个
- 纸杯 1个
- 吸管 1个
- 塑料胶带 适量

<B>
- 牛奶盒（1L）1个
- 纸杯 1个
- 气球 1个
- 可弯吸管 1个
- 塑料胶带 适量

<A>

❶ 制作主体。

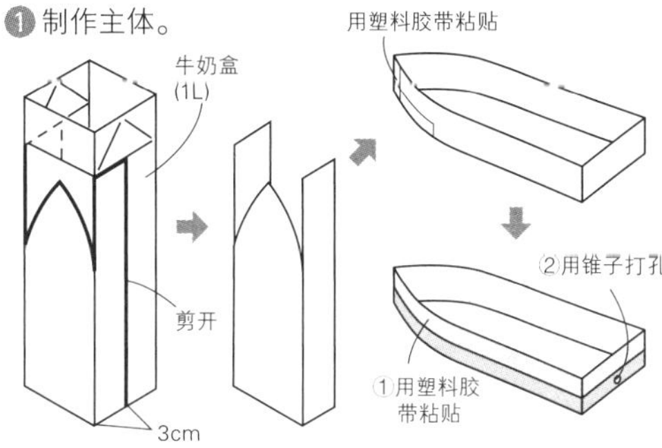

*纸型参照p.112

❷ 制作主体上部。

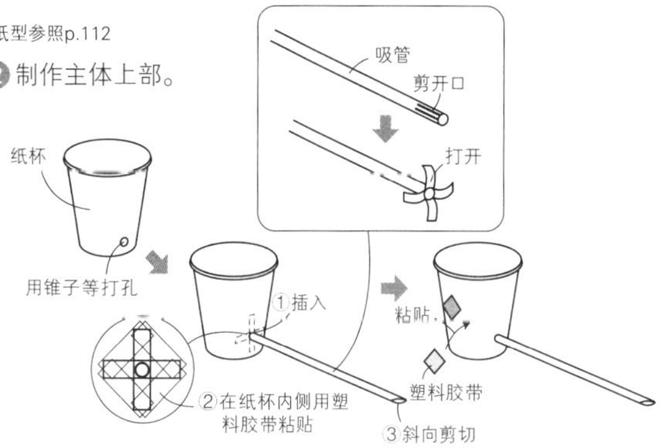

❸ 把主体和主体上部组合起来。

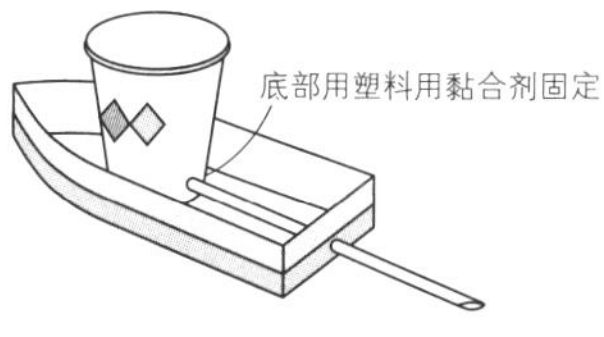

<B> *主体的制作方法与<A>相同

❶ 制作主体上部。

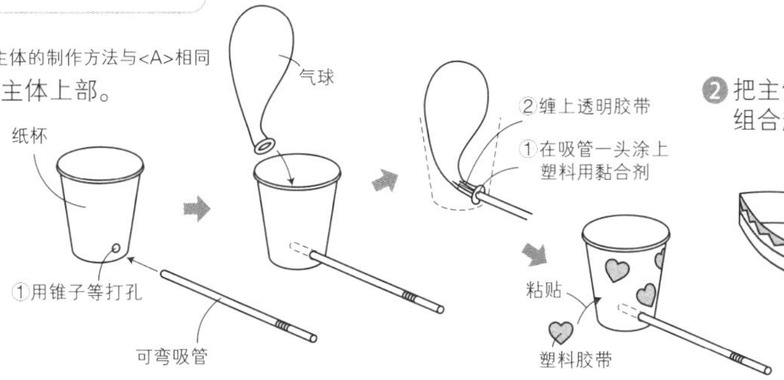

❷ 把主体和主体上部组合起来。

Craft p.66 黏土串珠

材料

- 黏土 适量
- 颜料 适量

❶ 制作带颜色的黏土。

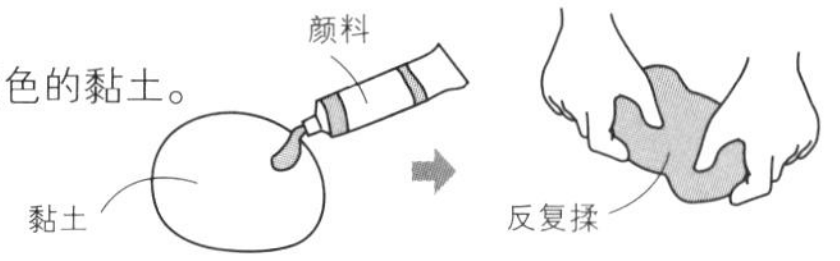

❷ 做出形状。

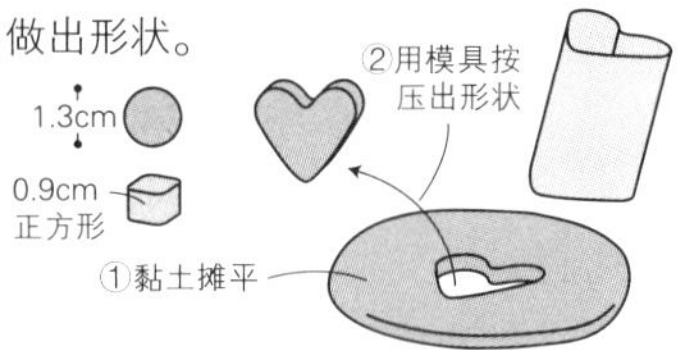

❸ 打孔、晾干。

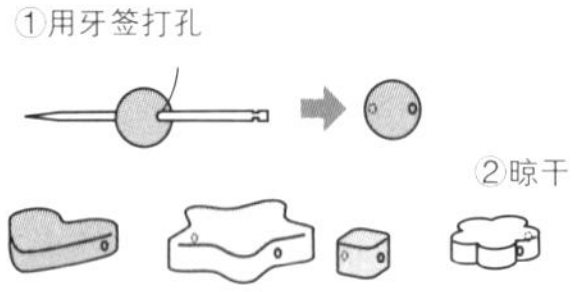

Social Life p.42 ♥和★的连线游戏

纸型

*放大150%后使用

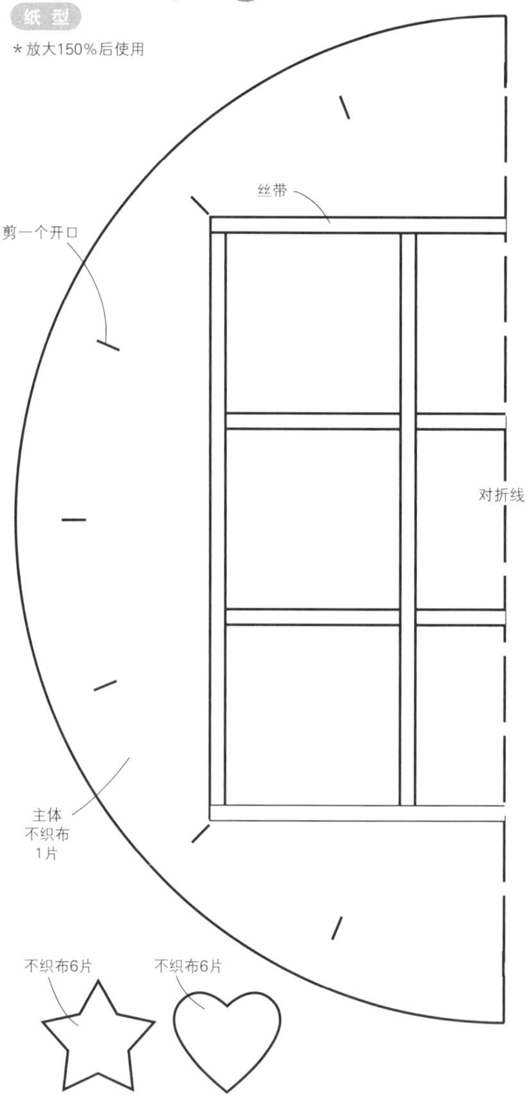

Craft p.67 用塑料瓶做编织器

材料

- 塑料瓶（500mL） 1个
- 一次性筷子 4双
- 塑料胶带 适量
- 毛线 适量

❶ 把塑料瓶剪开。

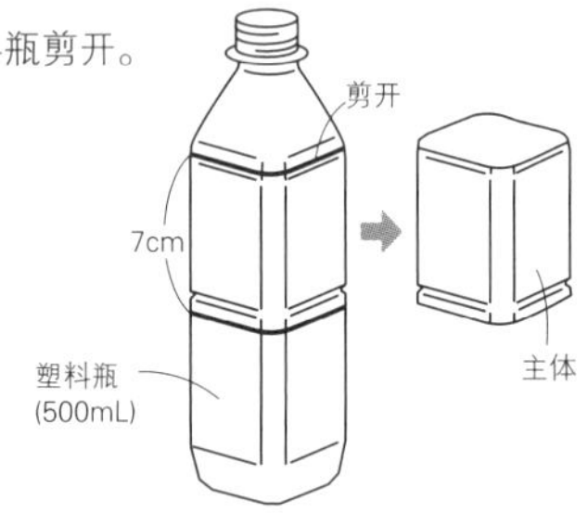

❷ 制作编织针。

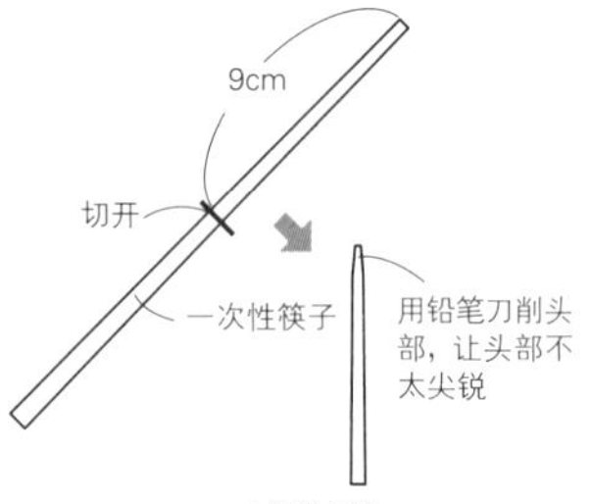

*制作8根

❸ 把一次性筷子粘到主体上。

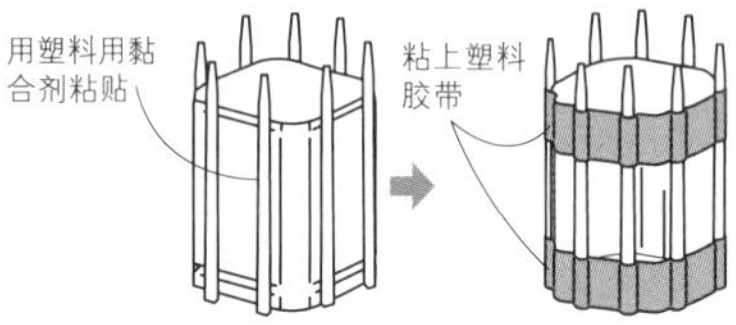

❹ 按基本的编织方法编织。

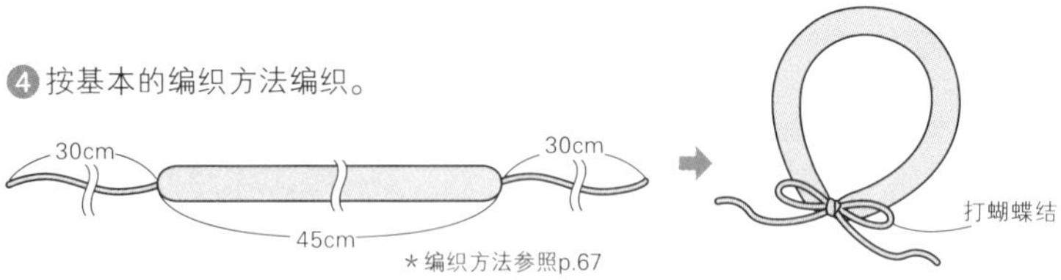

*编织方法参照p.67

Craft p.68 用面团做小玩具

*纸型参见p.112

材料

- 面粉 各100g
- 水 各适量
- 盐 各1小匙
- 色拉油 各1大匙
- 食用色素（绿色、红色、黄色） 各少许
- 丝带 宽0.3cm、各25cm
- 吸油纸 各适量

❶ 和黏土。

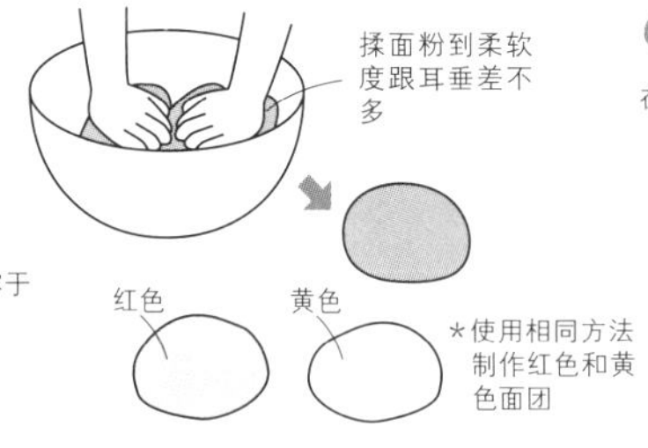

❷ 造形。

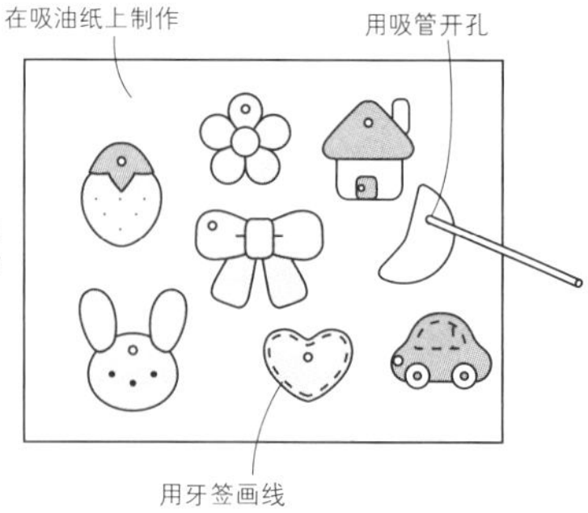

❸ 在烤箱中烤制模型。

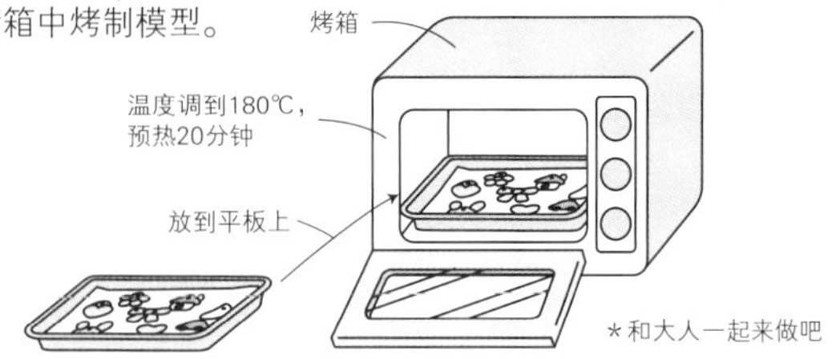

*和大人一起来做吧

❹ 穿上丝带。

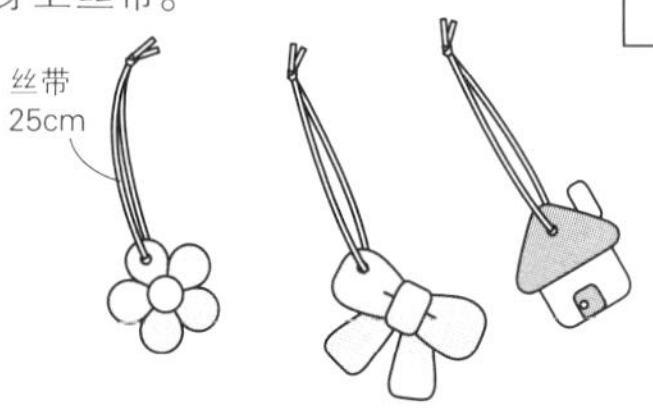

Craft p.69 用面粉做玩偶

材料
- 面粉 各240g
- 气球 各适量
- 图画纸 各适量
- 彩纸 各适量
- 塑料瓶（500mL）1个

❶ 把面粉装进气球中。

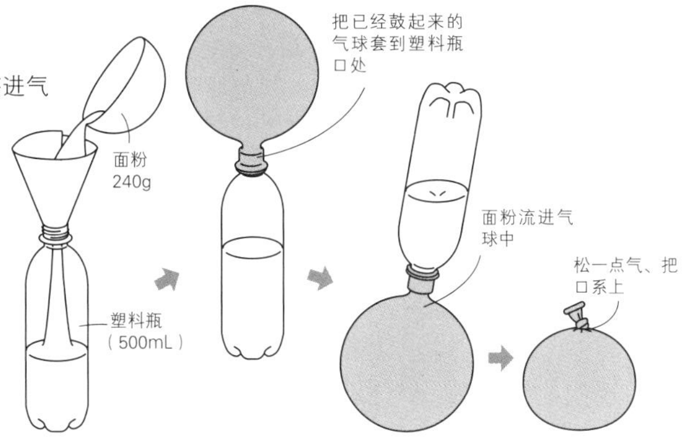

实物大纸型

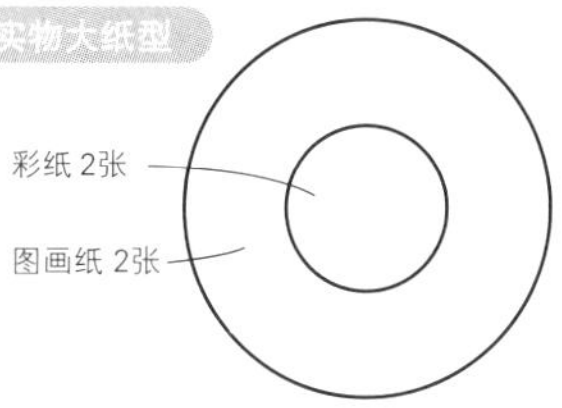

❷ 在气球上贴上眼睛。

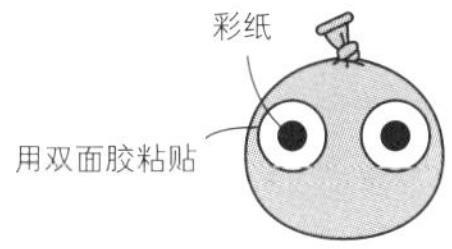

Sound p.71 小丑拨浪鼓

材料
- 空盒子的盖子 1个
- 硬纸板 12cm×10.5cm
- 彩纸
  主体用 10.5cm×10.5cm
  其他 适量
- 圆绳 粗0.5cm、长25cm
- 珠子 2颗
- 一次性筷子 1双
- 塑料胶带 适量

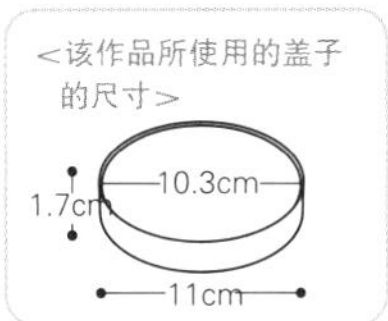

❶ 在主体上穿孔。

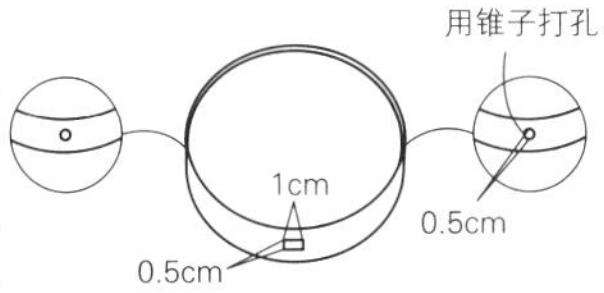

❷ 把拨浪鼓棒和绳子装到主体上。

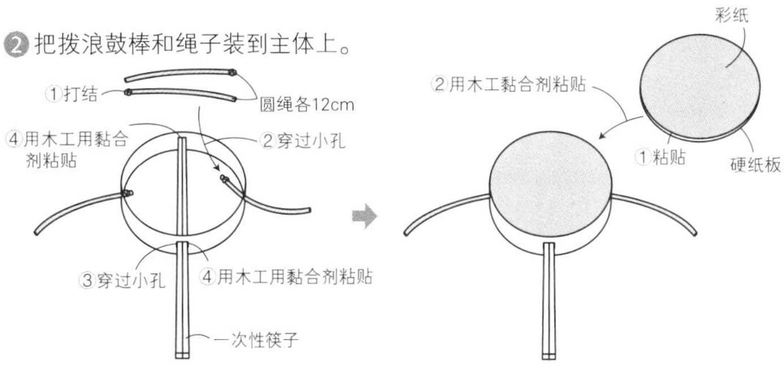

❸ 对主体进行装饰。

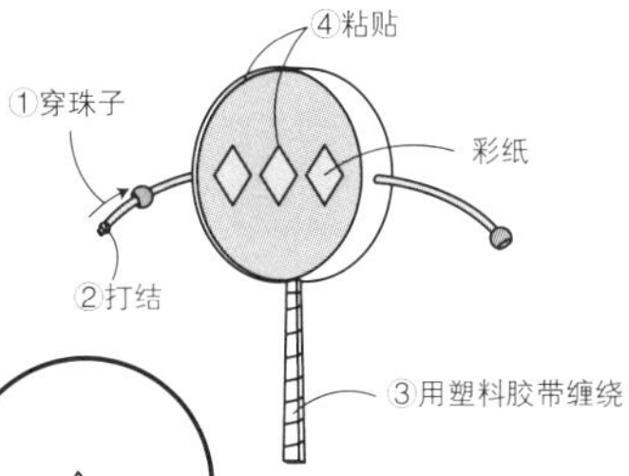

❹ 装上头部。

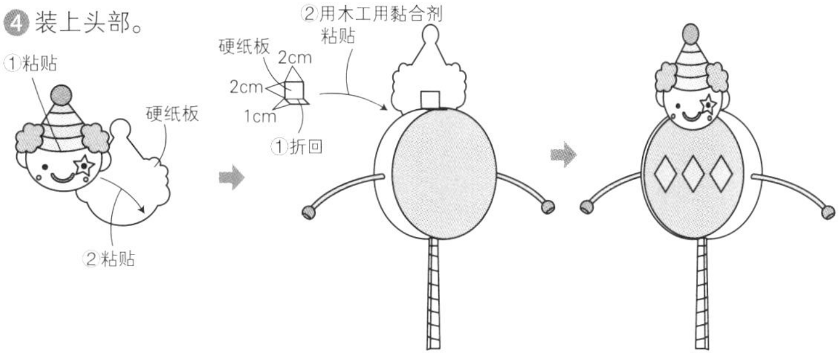

实物放大纸型

*除指定以外，全部使用1张彩纸

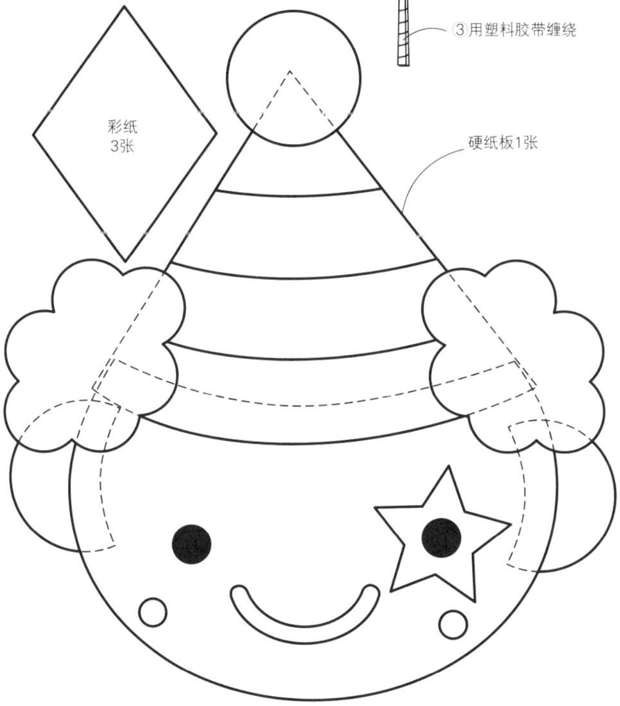

Sound p.70 用塑料瓶做锯琴

材料
- 凸凹相间的塑料瓶(2L) 1个
- 一次性筷子 1双
- 塑料胶带 适量

❶ 制作主体。

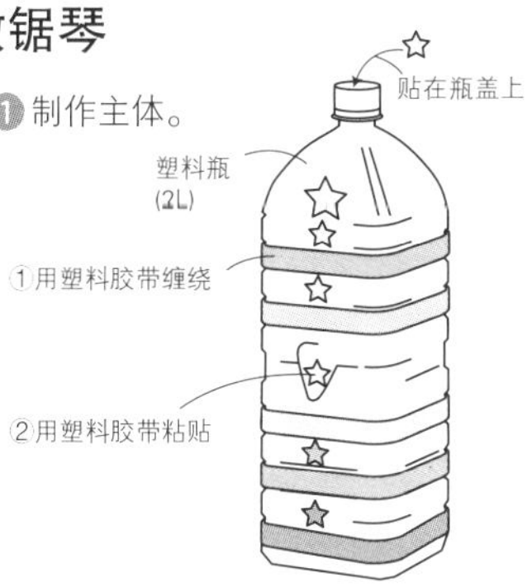

❷ 制作圆棒。

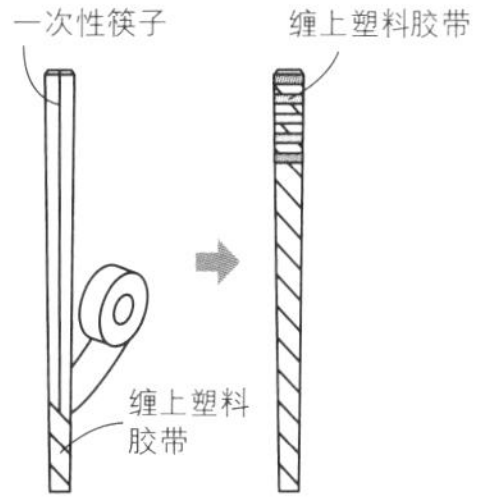

实物大纸型

*全部使用塑料胶带

Sound p.72 用瓶盖做响板

材料

<小兔子>
- 硬纸板 18.5cm×6.5cm
- 彩纸
  主体用 13.5cm×6.5cm
  其他 适量
- 塑料瓶盖 2个
- 彩色橡皮筋 8cm

<小狗>
- 硬纸板 18.5cm×6.5cm
- 彩纸 适量
- 图画纸 13.5cm×6.5cm
- 塑料瓶盖 2个
- 彩色橡皮筋 8cm

<小兔子>

❶ 制作主体。

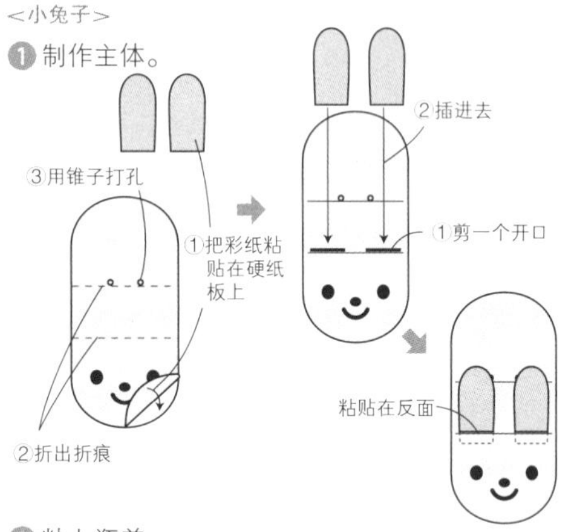

❷ 粘上瓶盖。

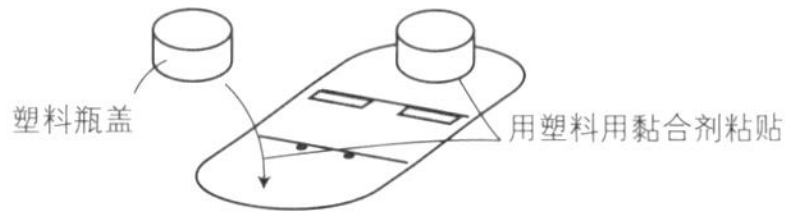

❸ 系上橡皮筋。

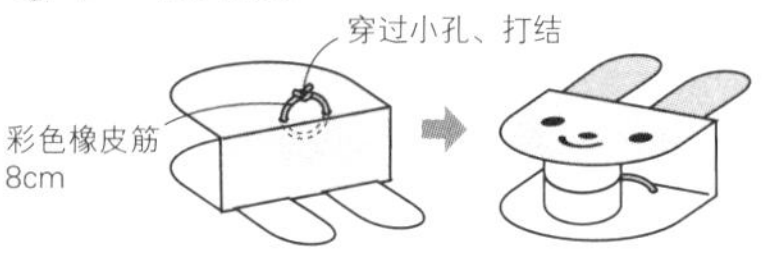

<小狗>

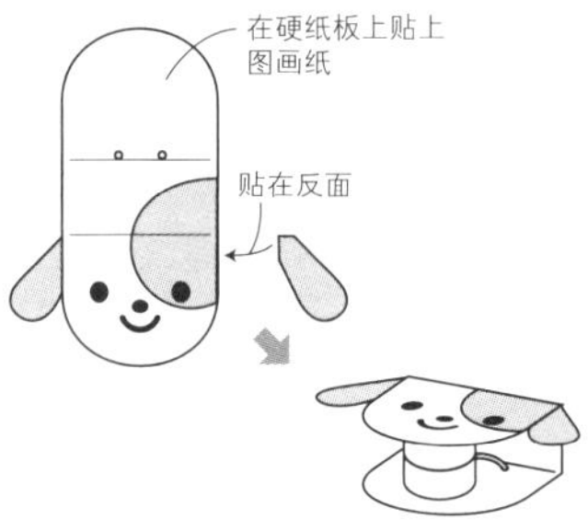

实物大纸型

*除指定以外，全部使用1张彩纸或图画纸

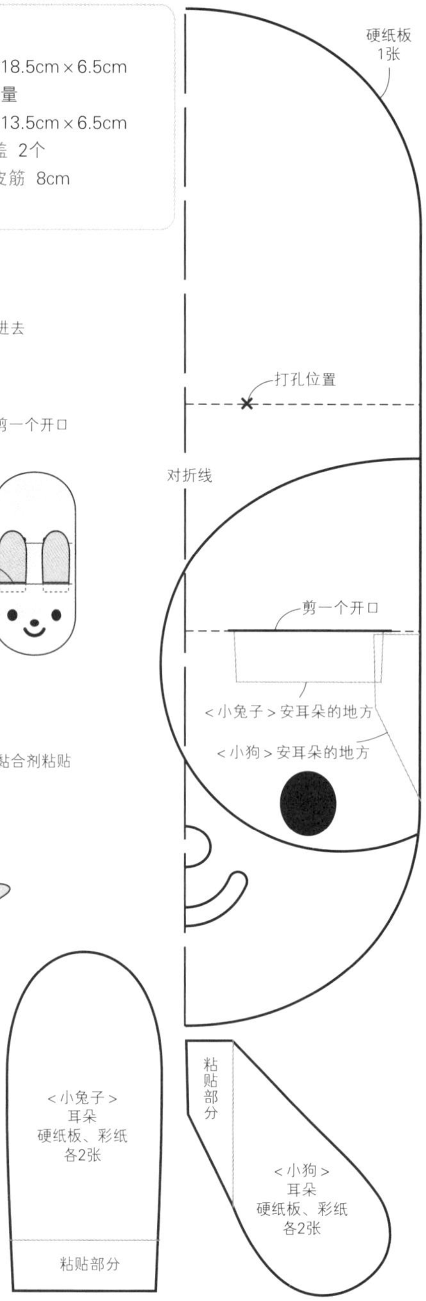

Craft p.68 用面团做小玩具

实物大纸型

*全部使用面团

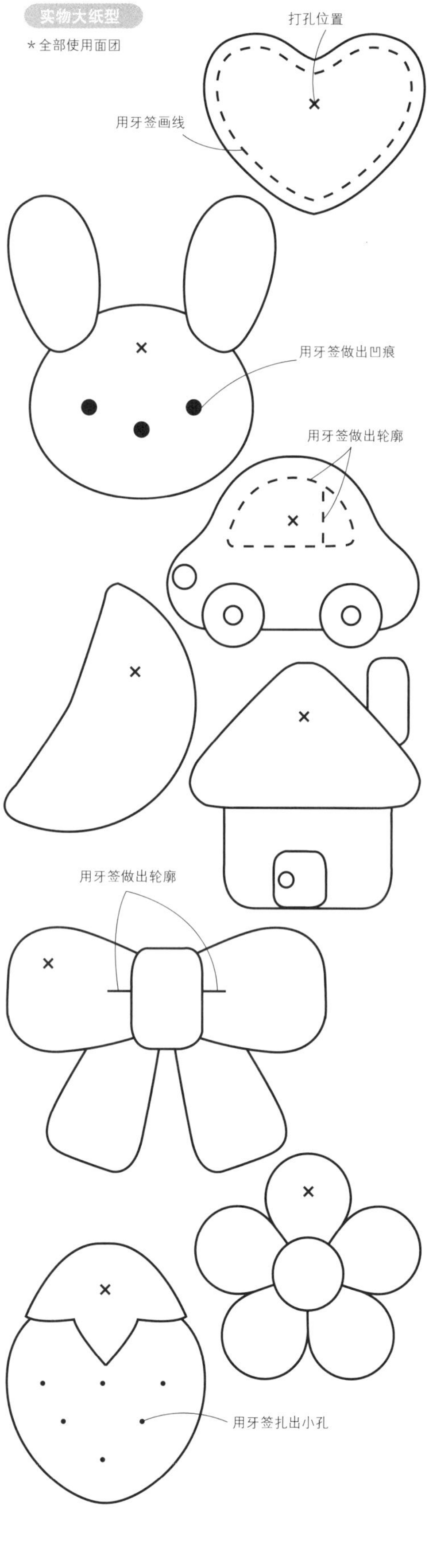

Playing in Water p.65 用牛奶盒做小船

实物大纸型

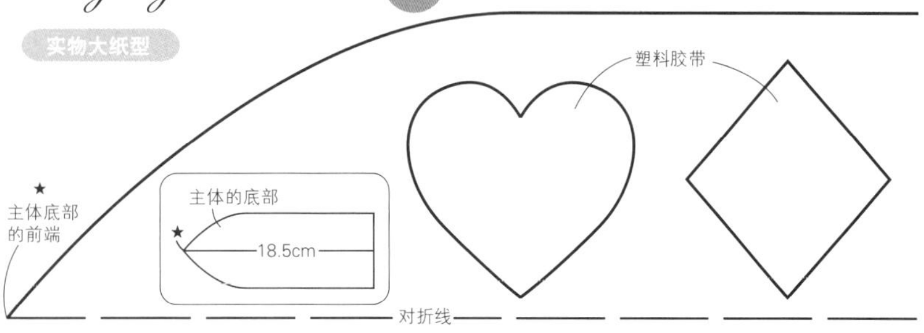

Sound p.73 用空盒子做吉他

材料

- 空盒子 1个
- 瓦楞纸 41.5cm×22.5cm
- 硬纸板 32cm×6cm
- 彩纸 主体用 51cm×34cm 其他 适量
- 线 适量
- 布艺胶带 适量

＜该作品中所使用的空盒子的尺寸＞

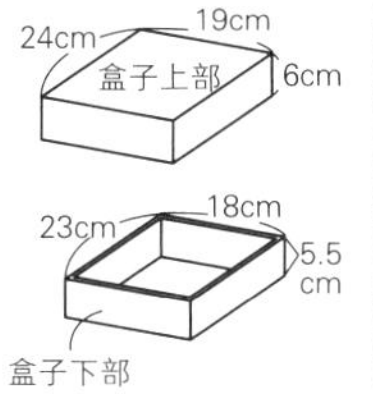

❶ 制作主体。

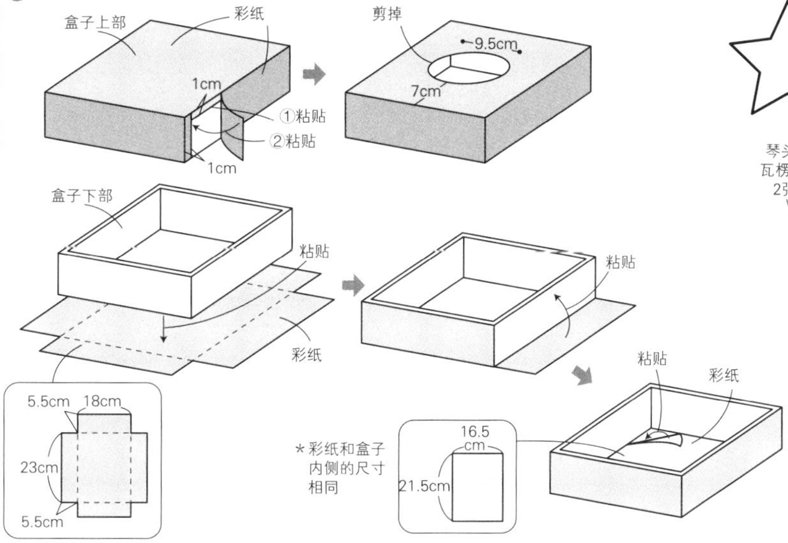

❷ 制作琴头。

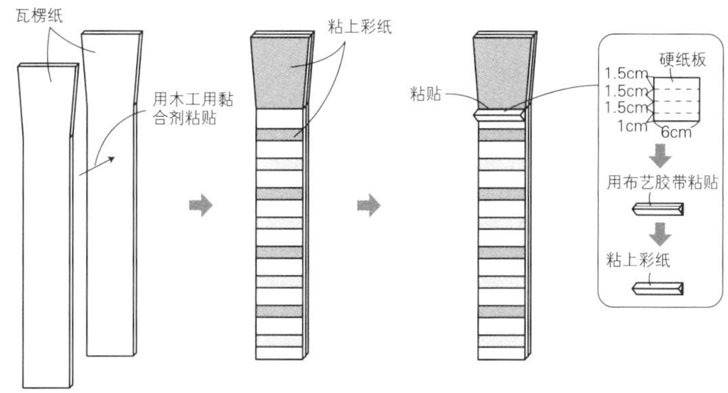

❸ 把琴头装在主体上。

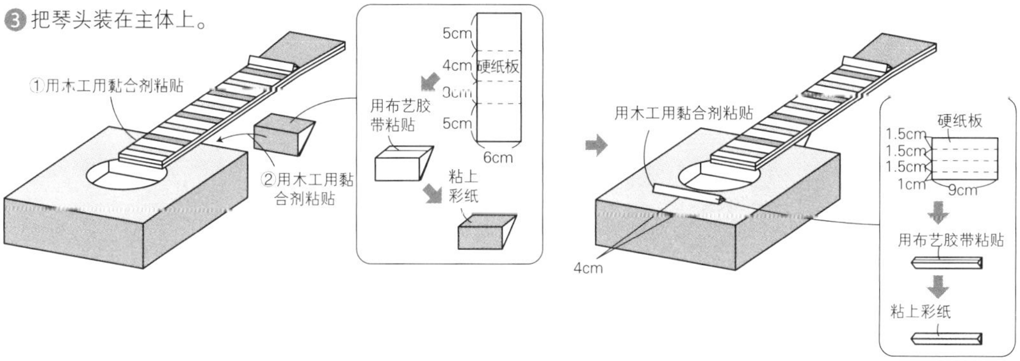

❹ 拉琴弦。

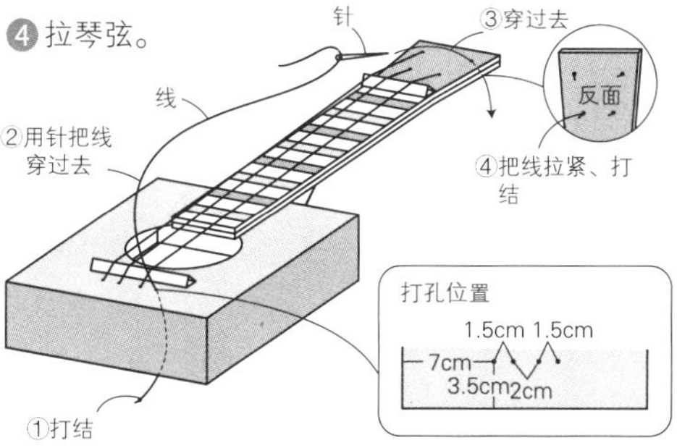

❺ 粘贴图案，装上盒子下部。

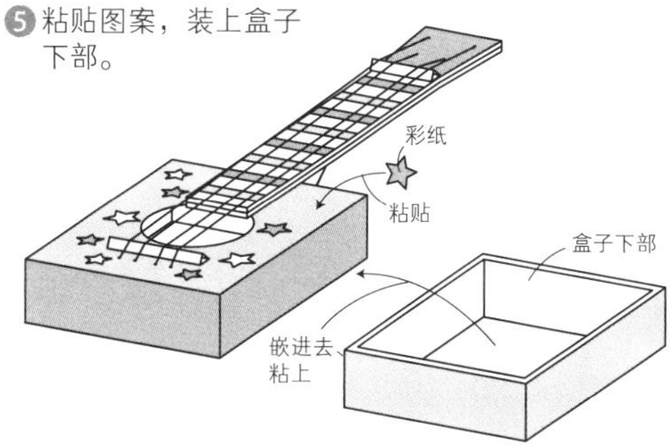

纸 型

＊放大200%后使用
＊除指定以外，全部使用彩纸

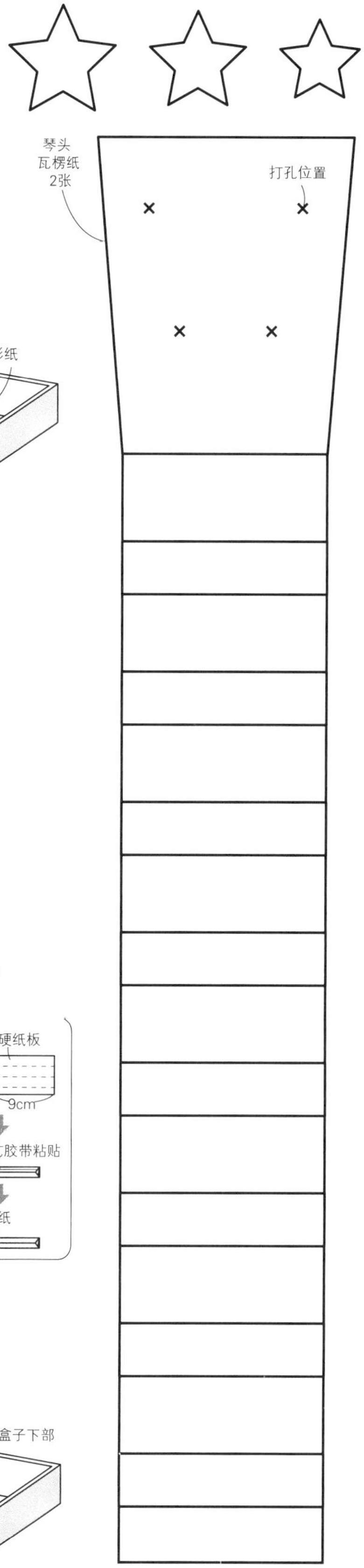

Learning p.74 英文字母表

材料

- 不织布
  主体用16.5cm×16.5cm 3块
  字母盘用20cm×20cm 2块
  其他 适量
- 25号刺绣线 各适量

❶将图案粘贴到主体上。

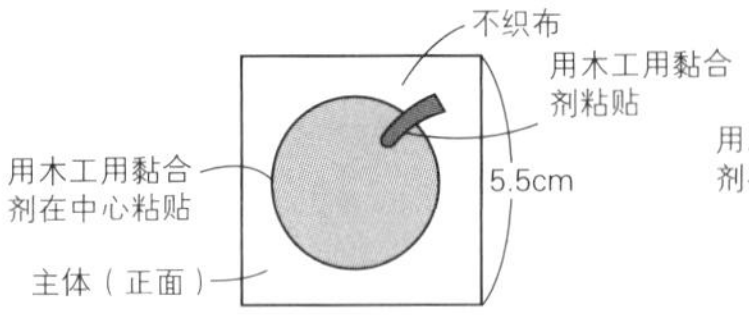

❷在后侧粘贴上字母。

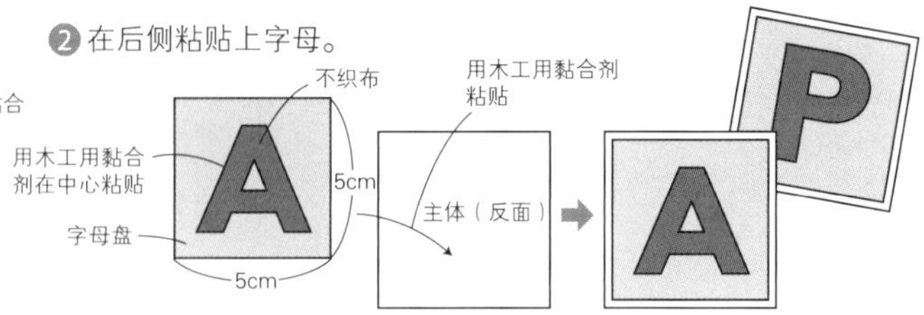

实物大纸型

＊除指定以外，全部使用1片不织布

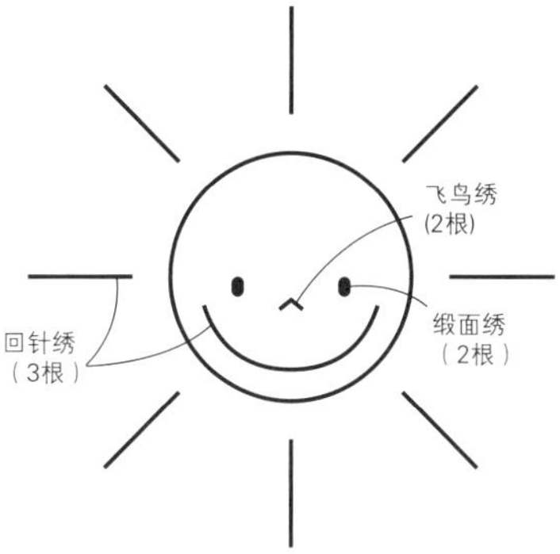
飞鸟绣
(2根)
回针绣
（3根）
缎面绣
（2根）

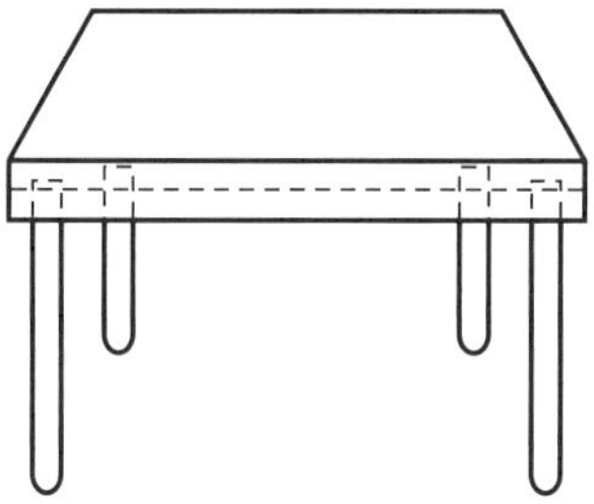

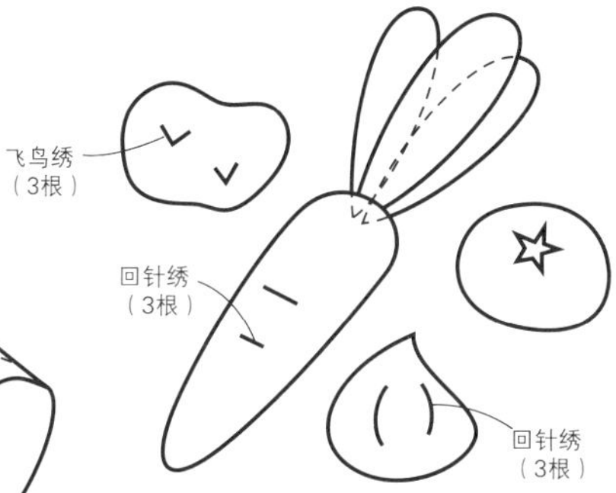
飞鸟绣
（3根）
回针绣
（3根）
回针绣
（3根）

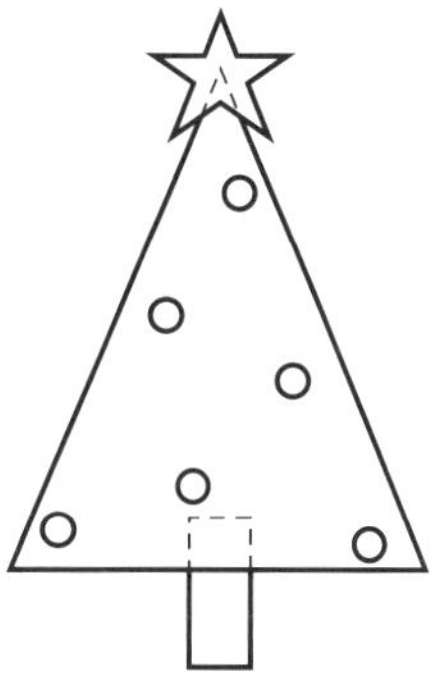

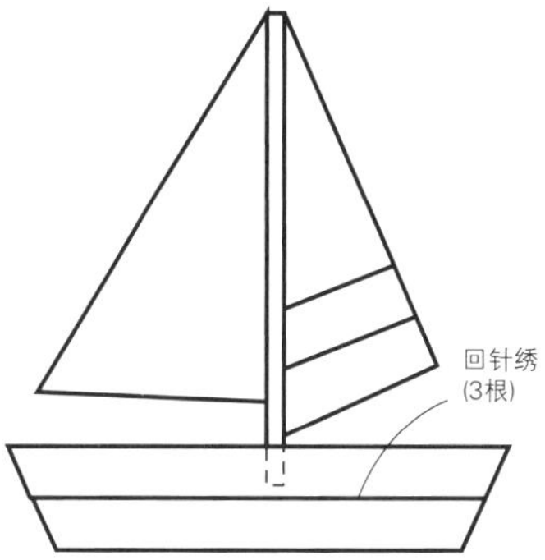
回针绣
(3根)

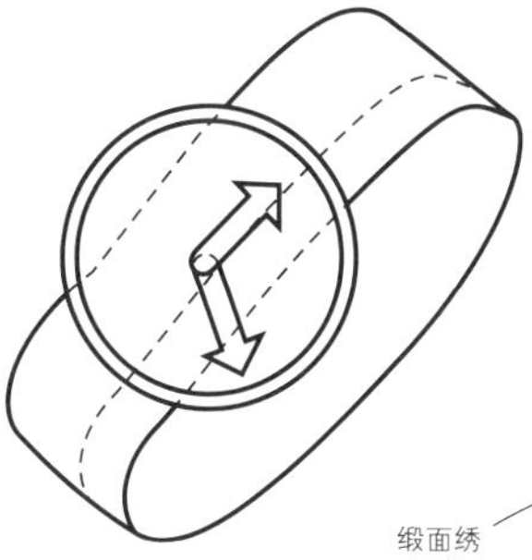

缎面绣
（2根）

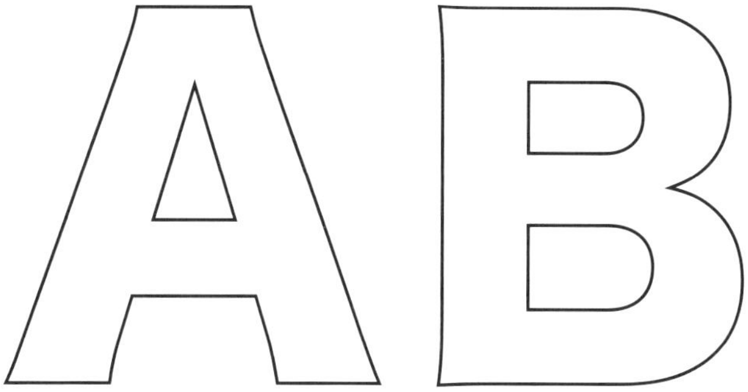

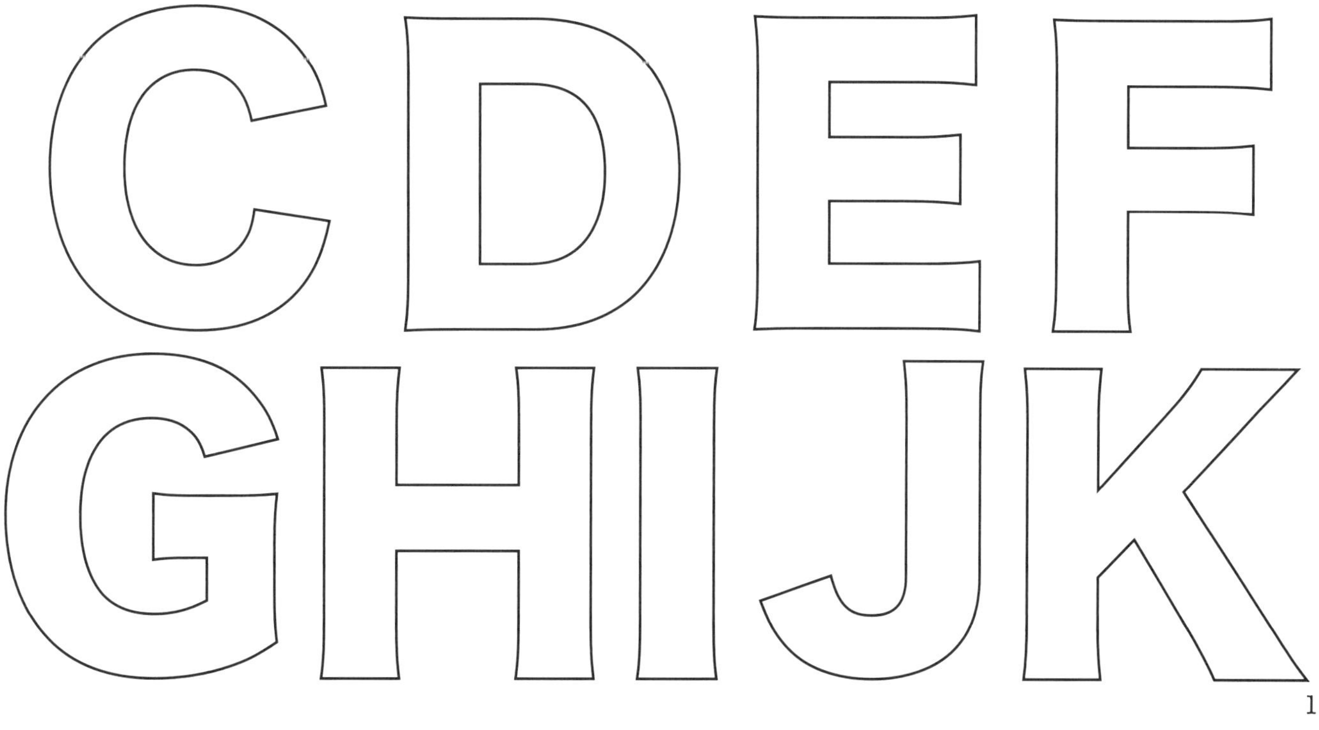

刺绣的方法

本书中所使用的刺绣

• 回针绣 •

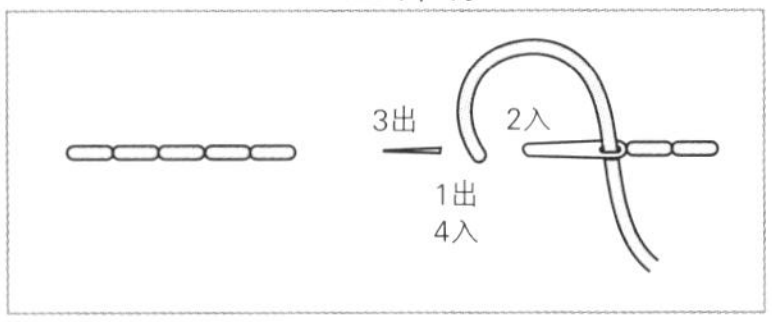

• 缎面绣 •

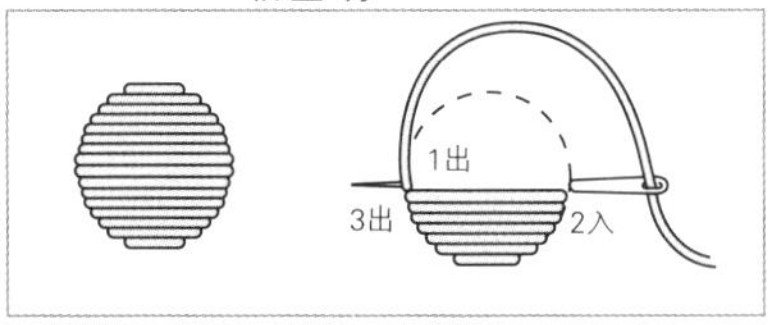

• 直线绣 •

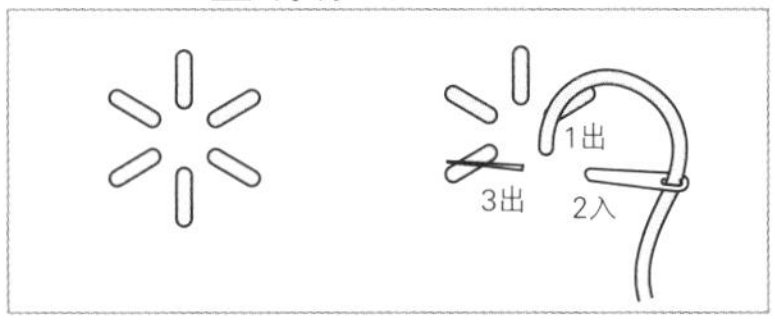

• 平针绣 •

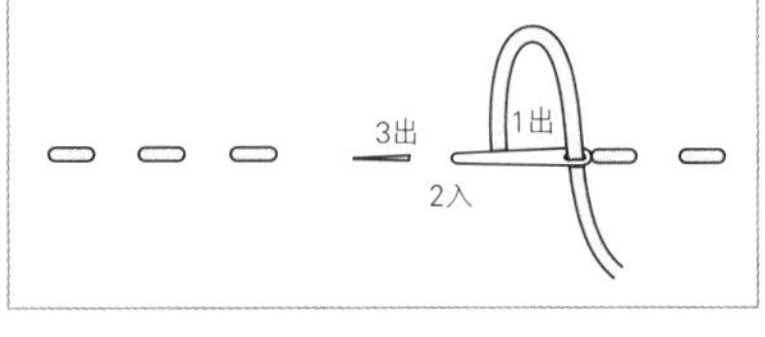

• 飞鸟绣 •

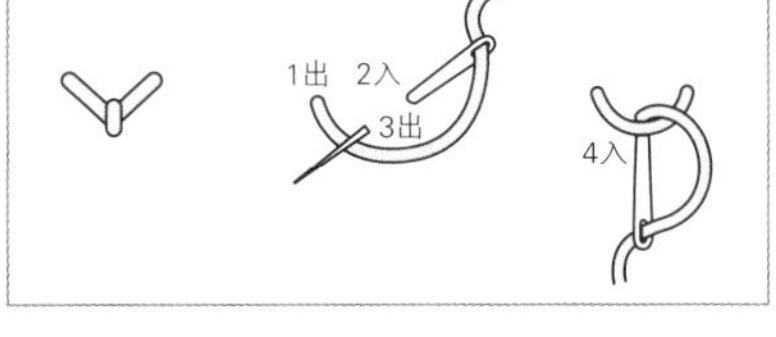

Learning p.76 练习数数

纸型

＊放大150%后使用
＊除指定以外，全部使用1张彩纸或图画纸

Color p.20 认识颜色

纸型

＊放大150%后使用
＊全部使用1张彩纸

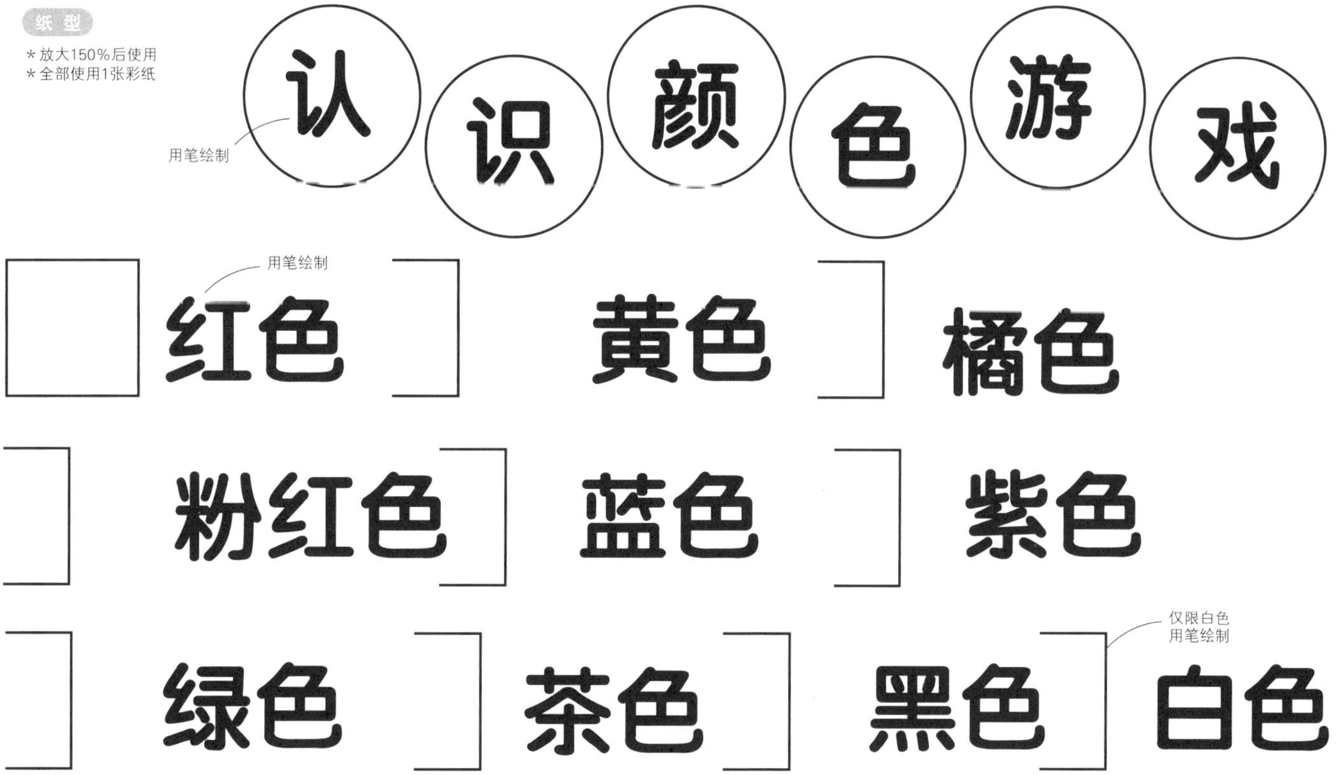

Learning p.78 可以转动指针的钟表

材料

- 瓦楞纸 0.5cm厚 72cm×36cm
- 硬纸板 8cm×4.5cm
- 彩纸
  主体用 46cm×39cm
  背面用 31cm×22cm
  其他 适量
- 图画纸 适量
- 开尾销 1个

❶ 裁剪瓦楞纸，制作主体。

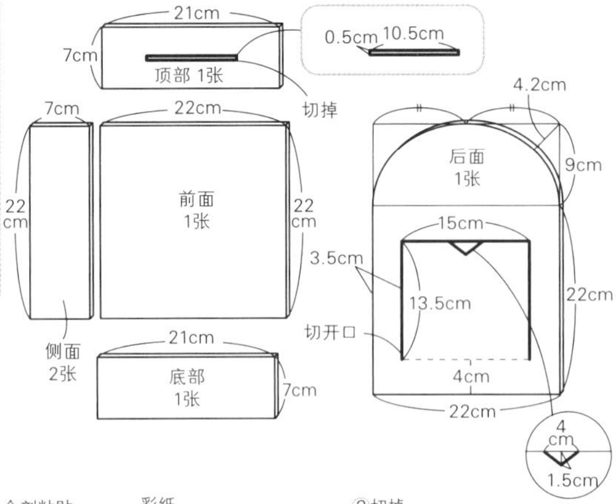

❷ 组合主体。

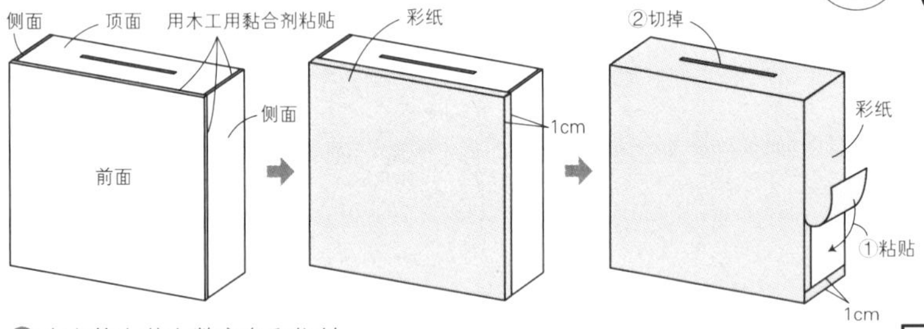

❸ 在主体上装上数字盘和指针。

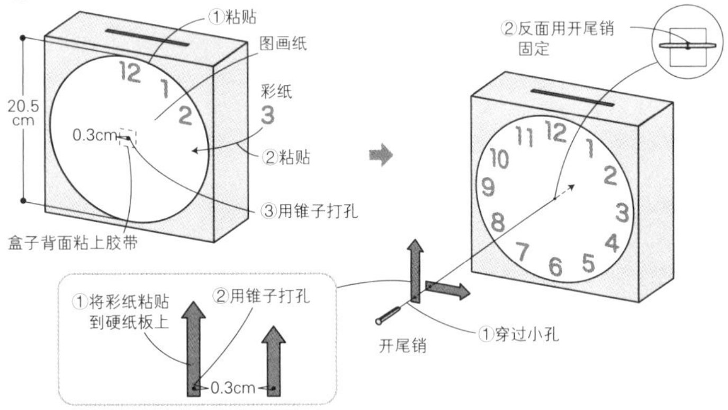

❹ 制作钟表背面。

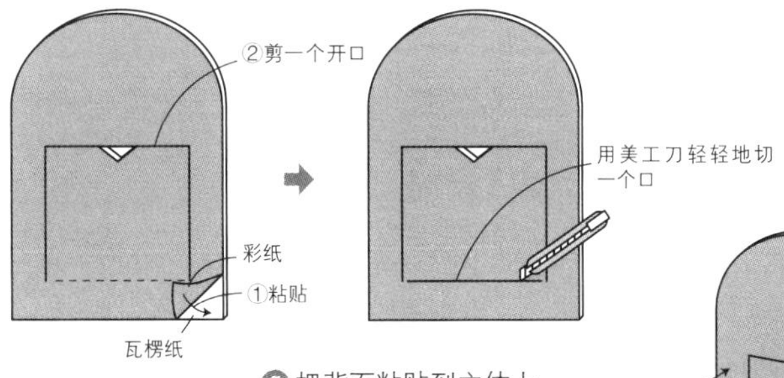

❺ 把背面粘贴到主体上。

纸型

* 放大150%后使用
* 除指定以外，全部使用1张彩纸或图画纸

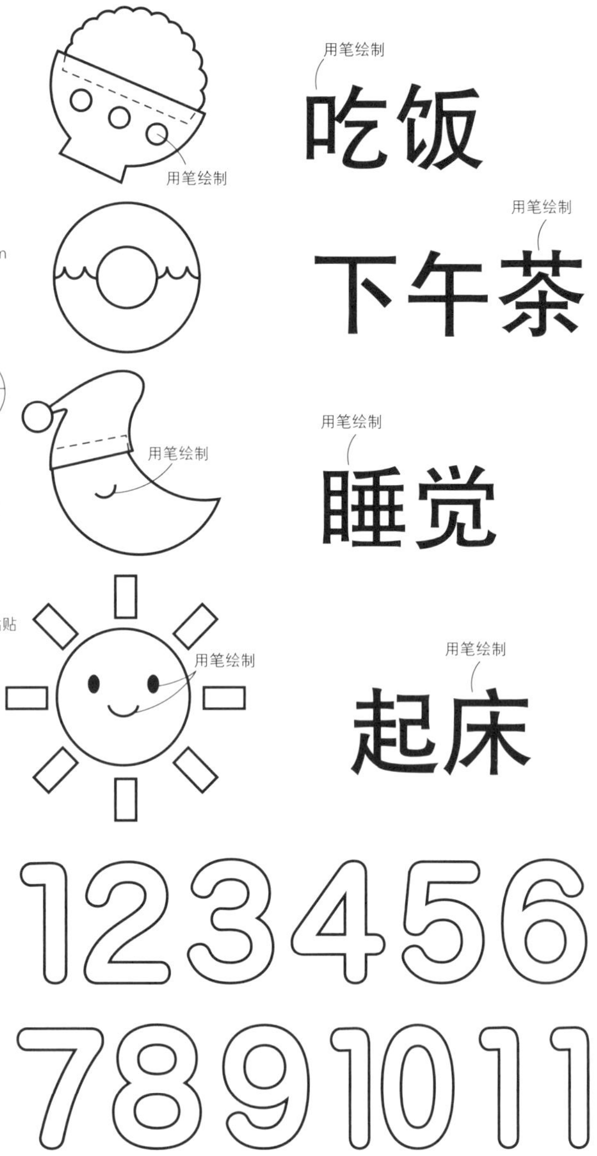

❻ 制作卡片。

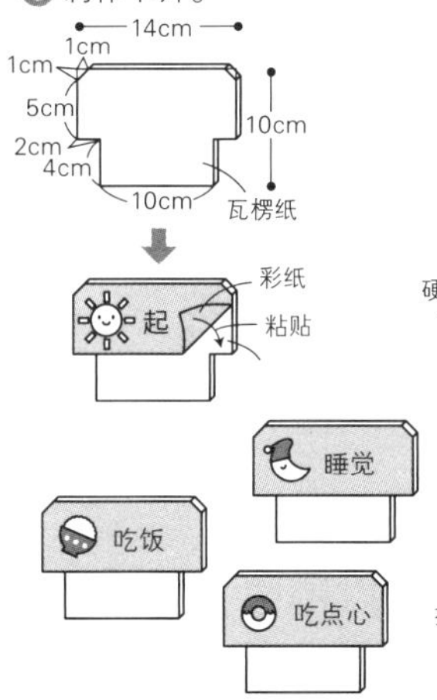

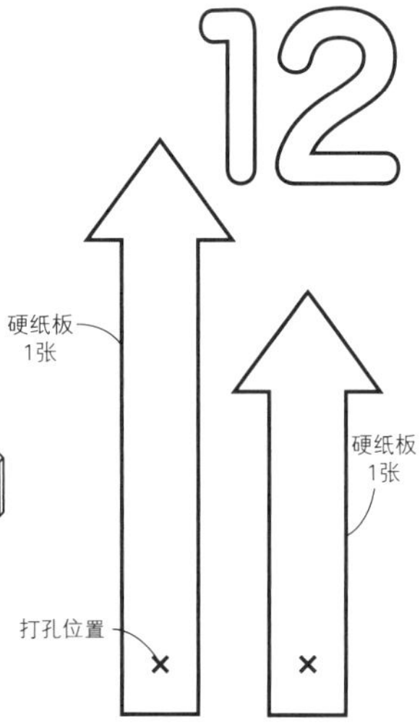

Learning p.79 趣味日历牌

材料

- 瓦楞纸 41cm×26cm
- 彩纸 适量
- 硬纸板 24cm×21cm
- 塑料贴纸 27cm×25cm
- 布艺胶带 适量

❶ 裁剪瓦楞纸。

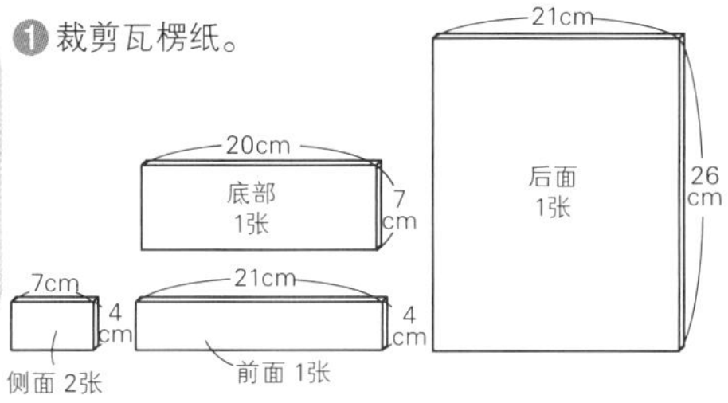

❷ 制作主体。

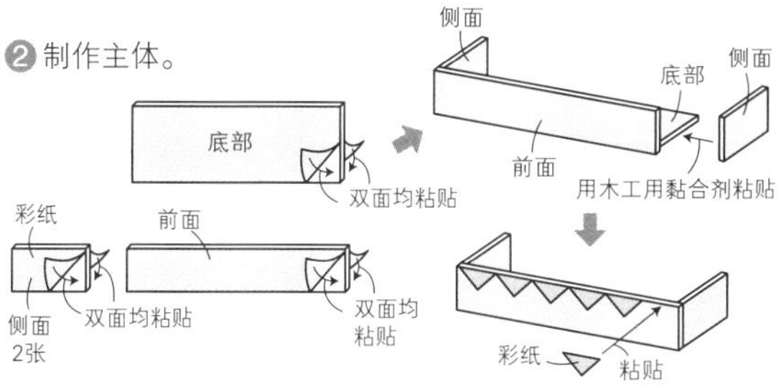

❸ 制作后面的内容。

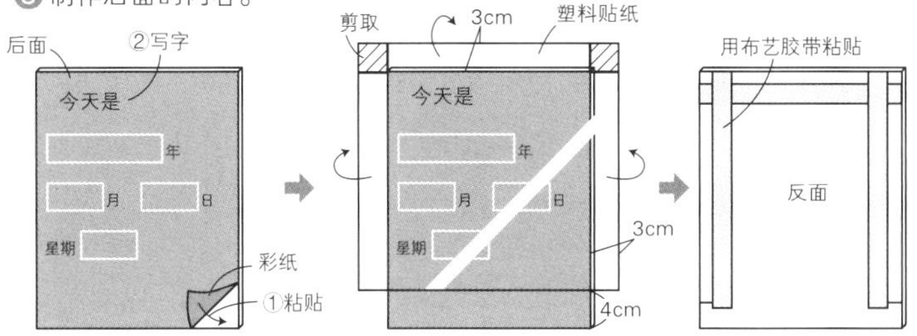

❹ 把后面贴到主体上。

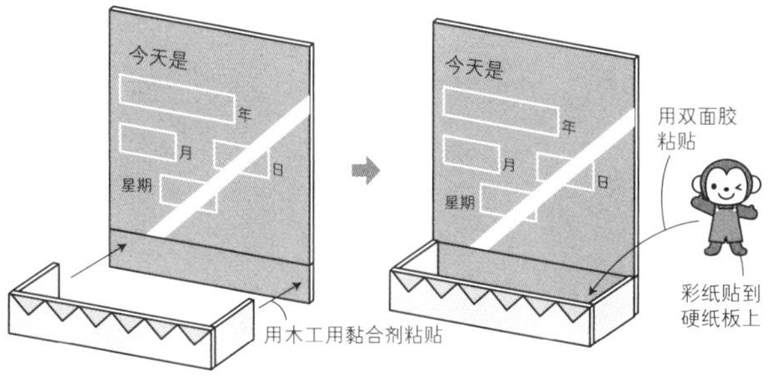

❺ 制作卡片。

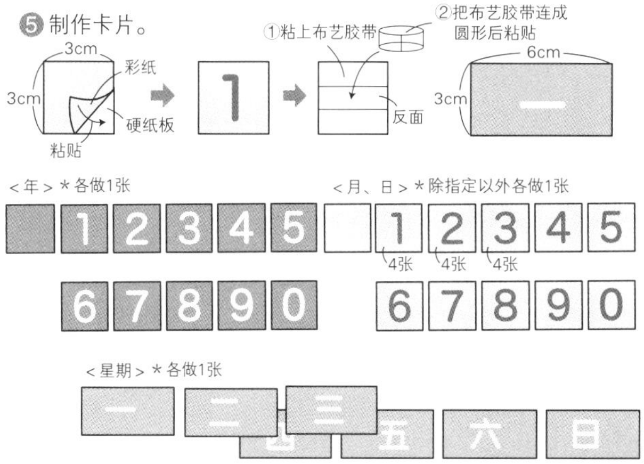

纸型

*放大150%后使用
*除指定以外，全部使用彩纸

用笔绘制

一 二 三

四 五 六

日

用笔绘制

今天是

用笔绘制

1234567890

用笔绘制

年

月 日

星期

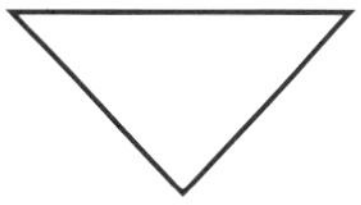

图书在版编目(CIP)数据

乐享亲子好时光：和妈妈一起玩益智玩具/（日）寺西惠里子著；江景丽译. —郑州：河南科学技术出版社，2018.8

ISBN 978-7-5349-9257-5

Ⅰ.①乐… Ⅱ.①寺… ②江… Ⅲ.①智力游戏—学前教育—教学参考资料 Ⅳ.①G613.7

中国版本图书馆CIP数据核字（2018）第129669号

出版发行：河南科学技术出版社
地址：郑州市经五路66号　邮编：450002
电话：（0371）65737028　65788613
网址：www.hnstp.cn
策划编辑：刘　欣
责任编辑：刘　瑞
责任校对：王晓红
封面设计：张　伟
责任印制：张艳芳
印　　刷：北京盛通印刷股份有限公司
经　　销：全国新华书店
幅面尺寸：210 mm × 260 mm　印张：7.5　字数：200千字
版　　次：2018年8月第1版　2018年8月第1次印刷
定　　价：59.00元